中华精神家园
西部沃土

巴山风情

巴渝文化特色与形态

肖东发 主编　袁凤东 编著

中国出版集团
现代出版社

图书在版编目（CIP）数据

巴山风情：巴渝文化特色与形态 / 袁凤东编著. —
北京：现代出版社，2014.5（2021.7重印）
　ISBN 978-7-5143-2371-9

　Ⅰ.①巴… Ⅱ.①袁… Ⅲ.①地方文化－研究－重庆
市 Ⅳ.①G127.719

中国版本图书馆CIP数据核字(2014)第085170号

巴山风情：巴渝文化特色与形态

主　　编：	肖东发
作　　者：	袁凤东
责任编辑：	王敬一
出版发行：	现代出版社
通信地址：	北京市定安门外安华里504号
邮政编码：	100011
电　　话：	010-64267325 64245264（传真）
网　　址：	www.1980xd.com
电子邮箱：	xiandai@cnpitc.com.cn
印　　刷：	三河市嵩川印刷有限公司
开　　本：	710mm×1000mm　1/16
印　　张：	11
版　　次：	2015年4月第1版　2021年7月第3次印刷
书　　号：	ISBN 978-7-5143-2371-9
定　　价：	40.00元

　　党的十八大报告指出：“文化是民族的血脉，是人民的精神家园。全面建成小康社会，实现中华民族伟大复兴，必须推动社会主义文化大发展大繁荣，兴起社会主义文化建设新高潮，提高国家文化软实力，发挥文化引领风尚、教育人民、服务社会、推动发展的作用。”

　　我国经过改革开放的历程，推进了民族振兴、国家富强、人民幸福的中国梦，推进了伟大复兴的历史进程。文化是立国之根，实现中国梦也是我国文化实现伟大复兴的过程，并最终体现为文化的发展繁荣。习近平指出，博大精深的中国优秀传统文化是我们在世界文化激荡中站稳脚跟的根基。中华文化源远流长，积淀着中华民族最深层的精神追求，代表着中华民族独特的精神标识，为中华民族生生不息、发展壮大提供了丰厚滋养。我们要认识中华文化的独特创造、价值理念、鲜明特色，增强文化自信和价值自信。

　　如今，我们正处在改革开放攻坚和经济发展的转型时期，面对世界各国形形色色的文化现象，面对各种眼花缭乱的现代传媒，我们要坚持文化自信，古为今用、洋为中用、推陈出新，有鉴别地加以对待，有扬弃地予以继承，传承和升华中华优秀传统文化，发展中国特色社会主义文化，增强国家文化软实力。

　　浩浩历史长河，熊熊文明薪火，中华文化源远流长，滚滚黄河、滔滔长江，是最直接的源头，这两大文化浪涛经过千百年冲刷洗礼和不断交流、融合以及沉淀，最终形成了求同存异、兼收并蓄的辉煌灿烂的中华文明，也是世界上唯一绵延不绝而从没中断的古老文化，并始终充满了生机与活力。

　　中华文化曾是东方文化摇篮，也是推动世界文明不断前行的动力之一。早在500年前，中华文化的四大发明催生了欧洲文艺复兴运动和地理大发现。中国四大发明先后传到西方，对于促进西方工业社会的形成和发展，曾起到了重要作用。

　　中华文化的力量，已经深深熔铸到我们的生命力、创造力和凝聚力中，是我们民族的基因。中华民族的精神，也已深深植根于绵延数千年的优秀文化传统之中，是我们的精神家园。

　　总之，中华文化博大精深，是中国各族人民五千年来创造、传承下来的物质文明和精神文明的总和，其内容包罗万象，浩若星汉，具有很强的文化纵深，蕴含丰富宝藏。我们要实现中华文化伟大复兴，首先要站在传统文化前沿，薪火相传，一脉相承，弘扬和发展五千年来优秀的、光明的、先进的、科学的、文明的和自豪的文化现象，融合古今中外一切文化精华，构建具有中国特色的现代民族文化，向世界和未来展示中华民族的文化力量、文化价值、文化形态与文化风采。

　　为此，在有关专家指导下，我们收集整理了大量古今资料和最新研究成果，特别编撰了本套大型书系。主要包括独具特色的语言文字、浩如烟海的文化典籍、名扬世界的科技工艺、异彩纷呈的文学艺术、充满智慧的中国哲学、完备而深刻的伦理道德、古风古韵的建筑遗存、深具内涵的自然名胜、悠久传承的历史文明，还有各具特色又相互交融的地域文化和民族文化等，充分显示了中华民族的厚重文化底蕴和强大民族凝聚力，具有极强的系统性、广博性和规模性。

　　本套书系的特点是全景展现，纵横捭阖，内容采取讲故事的方式进行叙述，语言通俗，明白晓畅，图文并茂，形象直观，古风古韵，格调高雅，具有很强的可读性、欣赏性、知识性和延伸性，能够让广大读者全面接触和感受中国文化的丰富内涵，增强中华儿女民族自尊心和文化自豪感，并能很好继承和弘扬中国文化，创造未来中国特色的先进民族文化。

2014年4月18日

文明开化——古老历史

人杰地灵——巴渝底蕴

地域之魂——特色拾英

文化之光——艺术神韵

巴是指在西周时期的一个小国，巴的地域范围大体界定在重庆全境、北起汉水、南至鄂西清江流域、东至鄂西、西达川东的地区。巴文化即指在巴区域内产生的一种地域文化。

巴地先民们世世代代在这片神奇的土地上生息繁衍。他们战天斗地，自强不息，创造了灿烂的巴地史前文明。

巴文明发端于200万年前的旧石器时代早期，其代表性古人类是"巫山人"。除此之外，这一地区还拥有旧石器文化时期的丰都烟墩堡文化遗址、铜梁文化遗址以及属于新石器时期的大溪遗址。

文明开化

古老历史

我国最早的人类巫山人

在我国内陆的西南部，青藏高原与长江中下游平原的过渡地带，有一片广袤的区域，东南部为信封盆地的一部分，北部、东部及南部为大巴山、巫山、武陵山、大娄山所环绕。域内地貌类型多样，有中山、低山、高丘陵、中丘陵、低丘陵、缓丘陵、台地和平坝等。以丘陵、山地为主，坡地面积较大，故有"山城"之称。

喀斯特地貌分布广泛，在东部和东南部的喀斯特山区分布着典型的石林、峰林、洼地、浅丘、落水洞、溶洞、暗河、峡谷等喀斯特景观。

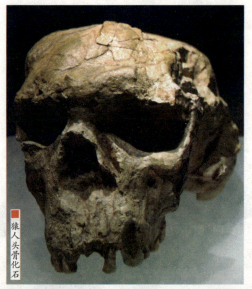

猿人头骨化石

■ 猿人头盖骨

在这片广阔的土地，江河众多。以长江干流为轴线，汇集起上百条大小支流。长江纵贯全境，连带嘉陵江、乌江、綦江、大宁河及其他支流，在山地中切出众多峡谷，特别是横穿巫山3个背斜，形成著名的瞿塘峡、巫峡、西陵峡，即举世闻名的长江三峡。

在距今200万年前的旧石器时代早期，在这片丰腴富饶、神奇美丽的土地上，思维意识还处于混沌初开时期的巫山人，就已经在这片土地上留下了自己的足迹。

巫山猿人化石发现于长江巫峡南岸、北纬30度的巫山龙坪村龙骨坡，是旧石器时代早期人类化石，是我国最早的人类化石，它的学名叫"巫山能人"，简称"巫山人"。

龙骨坡是由石灰岩构成的山体，南坡有一巨大裂隙，称为"龙洞"。北侧与洞外沟谷相通，南侧伸向石灰岩内部，其中堆积大量的角砾、砾石、砂质黏土

旧石器时代 以使用打制石器为标志的人类物质文化发展阶段。我国距今100万年前的旧石器文化有西侯度文化、元谋人石器、匼河文化、蓝田人文化以及东谷坨文化。距今100万年以后的遗址更多，在北方以周口店北京人文化为代表，在南方以贵州黔西观音洞的观音洞文化为代表。

■ 猿人头盖骨

和黏土，堆积物由钙质胶结。

龙骨坡遗址分为三大地质文化层，由上到下，第一层为角砾层，厚度约为8米；第二层为橘黄色细角砾层，厚度约为12米；第三层为黏土层。古人类、动物化石及石器主要分布在第二层，有近20个文化带。

经测定，第二层最上面的化石年代为180万年，最下面的为200万年，文化层跨度为20多万年。可见，巫山人在龙骨坡山洞生活了近20万年的时间。

龙骨坡遗址经过多次发掘，出土了巫山人化石以及人猿牙齿和大量石器。这些远古文化遗存被命名为"龙骨坡文化"。

巫山人化石包括一段左侧下牙床和一个上内侧门齿。牙床上带有下第四前臼齿和下第一臼齿，下第二臼齿留有部分齿槽。下第四前臼齿齿冠接近圆形，两个齿尖，舌侧齿尖略高，颊侧尖已磨出牙本质，两齿尖倾向中线，其间被一短的矢状沟分隔，齿尖之后有一较大的根座。下第一臼齿比下第四前臼齿大，有

砍砸器 是旧石器时代的一种形体较大，形状不固定的工具，器身厚重，有钝厚曲折的刃口，可起到砍劈、锤砸和挖掘等多种作用，因而可以用于砍树、做木棒、挖植物块根、砸坚果等工作。将砾石或石核边缘打成厚刃，用以砍砸。常见于旧石器时代和新石器时代的遗址中。

5个齿尖，下后尖最高，内尖次之，下次小尖偏向颊侧，牙齿双根。

门齿属右上内侧门齿，铲形，保存部分齿根，齿冠切缘尚未磨损，齿冠比未经磨损的现代人门齿略低，齿冠内侧基部有一结节，并由该结节向切缘伸出一中央脊。从牙齿的磨损情况推测，前一件标本为老年个体，后者为一幼年个体。

龙骨坡遗址出土的石制品，石料以石灰岩的天然砾石为主。打制石器的技术十分粗糙，没有固定模式。器型主要有砍砸器、尖状器、刮削器、石片、原型薄刃斧等。其中有的石器制作得很精致，有的石片打制得很典型。龙骨坡出土的石制品代表了旧石器时代早期人类混沌初开的石器制造。

在龙骨坡顶还发现一个3平方米左右的化石层，重叠堆积着大量动物前、后腿骨化石，主要是象、

刮削器 石器时代人们用石片制成的一种切割和刮削工具。因形状不同，可分为长刮器、短刮器和圆刮器等。这种刮削器是骨质或石质的，用途很多。另外也可以用来制作木制品、竹制品，比如刮去树皮制作棍棒，制作箭等。

■ 东方剑齿象化石

古猿人下颌骨

鹿、牛、麂子等大型草食动物。化石有明显的石器砸削痕迹。可见，当时，巫山人在外打猎无法搬动大型动物时，就将肉最多的前后腿砍下搬回洞中。

此外，遗址中还出土了包括步氏巨猿、中国乳齿象、先东方剑齿象、剑齿虎、双角犀、小种大熊猫等116种早更新世初期的动物化石。

龙骨坡遗址的重大发现，填补了我国早期人类化石的空白，将人类起源的时间向前推进了100多万年，同时动摇了"人类起源于非洲"的学说，也证实了人类不是单一起源的论点，对于人类起源和三河谷发育史的研究具有极为重要的科学价值。

阅读链接

相传，每到农历八月十五，西王母的女儿瑶姬便与11个姐妹偷下凡间，遨游四方。有一次，当她们来到巫山时，只见12条恶龙兴风作浪，正在治水的大禹也被洪水围困其间。瑶姬十分敬佩大禹，便送给大禹一本《上清宝经》的治水天书。瑶姬还没有来得及告诉大禹如何破译这部天书，就与众姐妹被西王母派来的天兵给捉拿回了瑶池。

后来，12位仙女挣脱了神链，重返人间，帮助大禹疏通了峡道，解除了水患。从此，瑶姬和姐妹们成天奔波在巫峡两岸。久而久之，她们便化成了12座奇秀绝美的峰峦耸立在那里，称为"巫山十二峰"。瑶姬为神女峰，同时，她所立的山峰位置最高，每天第一个迎来朝霞，所以又得名"望霞峰"。

旧石器中晚期文明遗址

到了旧石器时代中晚期，在长江三峡和嘉陵江流域发现遗址多处，主要有奉节兴隆洞遗址、唐家坝遗址、铜梁遗址、烟墩堡遗址等。

兴隆洞遗址在长江三峡奉节县云雾乡兴隆洞一带的岩溶山地。在距今14万年前的中更新世晚期，那里有着广阔茂密的常绿阔叶林、针阔叶混交林，气候温暖湿润。在这样的自然环境里，"奉节人"过着采集、狩猎的原始生活。

古生物化石

■ 动物骨骼

尖状器 是用以挖掘根茎类植物的工具，一般个体较为粗大，多用巨厚石片制成，从平坦的一面向背面加工，使背部成棱脊或高背状。这类器物在距今180万年前的西侯度地点和距今约70万至80万年前的匼河遗址，还有山西怀仁鹅毛口早期新石器时代遗址均有发现。

兴隆洞遗址出土了智人的牙齿化石、石制品、骨制品、牙制品、石哨、石鸮和剑齿象牙刻以及50余种哺乳动物化石。

在这些古人类的遗存中，最令人关注的是与智人化石一起出土的石哨、石鸮和剑齿象牙刻。

兴隆洞的石哨标本是一小段洞穴淡水碳酸钙沉积，是洞顶沉积滴石类型的石钟乳。它也许是一种发声的玩具，也许是一种狩猎用的诱捕工具。但石哨的发现，可能会把人类原始音乐艺术的历史再一次向前推进至14万年以前。

出土的具有鸟类形象的石制标本，从其整体形象看，类似一种较大型的猛禽鸮。在其尖端一侧有明显的人工打击痕迹。石鸮的发现，反映出"奉节人"在行为方式上对动物形象产生了注意，并利用碳酸钙沉积物来摹仿其类似的形象。尽管制作粗糙，形态简单，但它是人类在进化过程中萌生的精神需求，应该算作我国最早的具有鸟类形象的遗物。

在距离洞口50米深的地方发掘出长达2米多的两根并排的剑齿象门齿，其上有刻痕，其特点是刻纹直而深，曲形纹弧度大。这将把人类刻划艺术的萌芽时期向前推进6万年。

烟墩堡遗址位于长江南岸一名为烟墩堡的山梁上，在第三级阶地后缘和第四级阶地前缘，海拔高度为216米左右。根据长江上游河流阶地的结构、地层对比及石制品特点判断，遗址的时代可能为晚更新世。

烟墩堡遗址出土石制品1215件。石制品的原料都是砾石，岩性绝大部分属石英砂岩，另有少量的石英岩、斑岩、燧石等。石制品多数未经磨蚀或仅有轻度磨蚀。石制品中有5组能拼合的标本，表明未经搬运或未经长距离搬运，基本上属于原地埋藏。

烟墩堡遗址出土的石制品大、中、小型均有，打片主要使用锤击法，偶尔使用锐棱砸击法。石器类型有刮削器、凹缺器、石锥、钝背刀、端刮器、大尖状器、小尖状器、砍砸器、似盘状器和复合工具等。其中以石片石器为主，与我国南方旧石器中以砾石石器为主的文化不同。

唐家坝遗址位于合川市铜

009

文明开化

古老历史

■ 猿人打制工具

溪镇纱帽村二社的涪江右岸二级台地上，出土了多件石器，这些原始工具大都选择光滑的砾石打制而成，有的被锤击成斜陡刃，有的被打击成弧形刃。发现的旧石器经过分类，有砍砸器、刮削器和石核等。砍砸器上存留下的铁锰结合物，说明石器没有被搬运过，属于原生堆积，而石器上又有明显被使用过的痕迹，说明这类石器是多用途的或具有多种功能的。

铜梁遗址位于铜梁县城西郭张二塘。在地表下8米的沼泽相地层中发现300余件石制品，以及一批动植物化石。后命名为铜梁文化遗址。该文化是一种分布于涪江和沱江流域河谷区的区域性文化，距今2.5万年。已发现的同类遗址有涪江流域的遂宁县郪口、重庆九龙坡区桃花溪、大渡口区马王场、合川小河乡小河村、沱江流域的资阳等。

铜梁遗址发现的哺乳动物化石有东方剑齿象、印度象、巨貘和中国犀等，属华南"大熊猫–剑齿象动物群"。出土石器原料以石英岩为主，其次是燧石、闪长岩和硅质岩，偶尔使用石髓、砂岩和角页岩等。

打击石片主要用锤击法，次为碰砧法。无论是石片，或是石核，以大、中型者居多，比较宽短。石片

巨貘 古哺乳动物。真貘科。个体极大，身长达4米，肩高2米左右，习性类似于河马。头骨较短而高。生存于我国更新世。化石经常发现于我国南方洞穴巨貘牙齿化石堆积中。由于环境的变迁，巨貘在1万年前灭绝。

的平均长度为62.2毫米。石片的台面较小,打击台面较多,石片角较大,平均达110度。打击点集中,半锥体比较凸,放射线清晰。

锤击石核原多系扁宽的砾石,可分为单台面和多台面两类。石核的台面多为自然面;打击台面者占23%,修理台面者占10%。单台面石核多为自然面。台面上有集中的打击点,台面角大多在90度以下,表明多数标本还可以继续打片。碰砧石片具有大面倾斜的台面,石片角较大,平均为22度;最大者达138度,打击点不明显,半锥体微凸。

铜梁文化的石器有刮削器、尖状器、砍斫器和石锤等。刮削器的数量较多,占工具总数的51.8%。其器形可分为单直刃、双刃、复刃和端刃等。尖状器占工具总数的15%,大多用石片制成,第二步加工比较粗糙。修理主要是复向加工,错向和单向加工的很少。

尖状器可分为正尖、角尖和复尖3种类型。砍斫器的数量仅次于刮削器,占工具总数的33%,大多用砾石、石核和大石片制成。器身比较粗大,最长者为213毫米,最重者1965克。石器的修理大多使用锤击法进行复向加工。器形可分为单刃、双刃、复刃和端刃等。

铜梁文化的石器以石片工具数量最多,占63.6%,石核工具占36%;在石片工具中有6.2%是用碰砧法打制的,这是华南地区其他旧石器时代文化所不多见的。

■ 石核 石器时代古人的工具,也称砾石石器。从砾石或石材上打下石片,以剩下的石核作为工具来使用。我国曾出土的三棱大尖状器系从两面或三面交互打击加工成形的。习惯上把两面刃的砾石石器称为敲砸器,单面刃的称为砍砸器,在砾石周缘加工,则成为圆形的石球,但以上的用途分工并不明显。

石 片

砍砸器的数量较多，在各类工具中占第二位，其比例之大，在华南地区旧石器时代文化中仅次于百色盆地的采集品。石器大多粗大而厚重，长度在60毫米以上的大型石器占57%。

在工具组合中，复刃工具多于单刃工具，前者占71.8%，后者占28.2%。石器的修理主要采用复向加工，也有向背面、破裂面和错向加工的，基本采用交互打击法。

石器的修理基本用锤击法，偶用碰砧法。石器的修理比较粗糙，刃口上的小石片疤凹凸不平，刃缘曲折，与华北同时代的旧石器文化相比，工艺显得原始。

巴山风情

巴渝文化特色与形态

阅读链接

高家镇遗址位于重庆市丰都县高家镇桂花村长江右岸的三级阶地上，为旧石器时代遗址。遗址面积1万余平方米，海拔174米。出土人工打制的石器2500余件，石制品系用当地砾石直接打制加工，包括石核、石片、砍砸器、尖状器与刮削器等。石器形体粗大，加工技术与形态特点均与华南地区广泛分布的砾石石器一致。

高家镇遗址分布范围大，文化层厚，石制品丰富，是迄今三峡地区已发现的时代最早的旧石器文化遗存的代表，为研究早期人类在西南地区的发展，特别是适应三峡地区独特地理环境的历史进程，提供了非常重要的材料。

大溪文化与哨棚嘴文化

随着生产工具不断进步，人类开始进入了新石器时代，在长江、嘉陵江两岸的沿江阶地上，发现了新石器时代遗址30多处。主要遗址有合川沙梁子、江津王爷庙和燕坝、渝北朝阳河嘴、南岸干溪沟、忠县井沟、瓦渣地和哨棚嘴、奉节老关庙、巫山大溪、江东嘴等地。

这些遗址大致分成两种不同的新石器时代文化，巫峡以西为"哨棚嘴文化"；瞿塘峡以东，属"大溪文化"。

哨棚嘴文化是一支有自身源流的考古学文化，基本上可以代表重庆地区新石器时代晚期文化的主体。其时代范围大致在距今4000年至

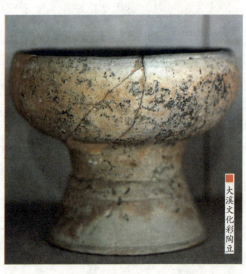

大溪文化彩陶豆

5000年之间。

"哨棚嘴文化"因哨棚嘴遗址出土的遗存最典型而被命名。哨棚嘴遗址是忠县井沟遗址群的组成部分，位于长江西北岸井沟口的南侧的三角形台地上。遗址东南面临长江，西靠忠州镇至石宝寨的区间公路，东北隔井沟与崖脚遗址相望，西南有名为"选溪沟"的冲沟将其与瓦渣地遗址分隔。

哨棚嘴遗址的文化堆积十分深厚，最深处达8米左右。遗址的文化堆积按照土质和土色可以划分为许多层，根据这些文化层的堆积趋势，结合各层中包含物的异同，可以将这些文化层合并为10大层，新石器时代文化堆积为第七至第十层。

第七层的堆积普遍分布于遗址东部。堆积呈斜坡状，上面坡度较小而下部坡度较大。由该层堆积状况可知，哨棚嘴遗址在该层堆积形成以前，其范围较小，东部没有现在伸展得这样远；至该层堆积形成后，哨棚嘴遗址的东部就基本形成了现在的地形模样。该层出土陶器以表面饰大菱格纹的折沿深腹盆、直口深腹花边口缸、盘口深腹盆等最为常见。

第八层主要分布于发掘区的中、南部，属于该时期遗存分布的东端，再往东去，就是当时的陡坎。地

■ 大溪文化陶钵

瞿塘峡 西起奉节县白帝山，东迄巫山县大溪镇，是三峡中最短的一个，却能"镇全川之水，扼巴鄂咽喉"。古人形容瞿塘峡"案与天关接，舟从地窟行"。

陶器 是用黏土或陶土经捏制成形后烧制而成的器具。陶器历史悠久，在新石器时代就已初见简单粗糙的陶器。我国最古老的陶制容器是江西仙人洞文化的陶器罐碎片。最早的陶器是手制的，并以篝火烧制。

层堆积在发掘区是北窄南宽，坡度比较平缓，灰坑等遗迹较多。包含物以器表饰大菱格纹的折沿宽唇深腹盆、直口花边深腹缸、表面较粗糙的素面卷沿或平折沿的深腹盆、直口平底钵等陶器为代表。

第九层堆积的分布范围与第八层相同，堆积的坡度平缓，层理清楚，少见这一时期的灰坑等遗迹。地层包含陶器主要是器表饰小菱格纹的折沿深腹盆、细横瓦纹的平沿深腹盆、箍带纹的喇叭口壶等。

第十层堆积的分布范围与第九层同，堆积的坡度平缓，地层包含陶器最具代表性的是小菱格纹的卷沿中腹盆和罐、类似双唇口的喇叭口壶。

此外，经试掘或正式发掘的哨棚嘴文化较为重要的地点还有：巫山魏家梁子遗址、锁龙遗址、奉节老关庙遗址、江津王爷庙遗址和合川沙梁子遗址。

哨棚嘴遗址虽然是一个不大的遗址，但由于该遗址堆积深厚，年代跨度较大，文化内涵丰富，在考古研究中具有重要意义。

大溪文化是长江中游三峡地区发现的新石器文化，约为公元前4400年至前3300年，因巫山县长江瞿塘峡南岸的大溪遗址而得名，其分布东起鄂中南，西至川东，南抵洞庭湖北岸，北达汉水中游沿岸。主要遗址有巫山大溪、欧家老屋遗址。

大溪文化的发现，揭示了长江中游的一种以红陶为主并含彩陶的地区性文化遗存。

大溪遗址经多次发掘，清理墓葬多座，出土文物上千件。主要有石

大溪文化彩陶碗

斧、石锛、石杵、石镰、纺轮、骨针、蚌镰、网坠等生产工具。

陶器以红陶为主，黑陶、灰陶次之，三足器极少。彩陶纹饰和戳印纹颇具特色。器形有豆、曲腹杯、碗、罐、盘、瓶、盆、钵等，其中筒形瓶、高圈足深腹豆和曲腹杯是大溪文化具有代表性的器物。装饰品有玉、石、骨、象牙、兽牙等几种，主要有耳饰、项饰和臂饰3类。还有空心石球人面浮雕悬饰等艺术品。

在大溪遗址墓葬中，死者均埋在氏族公共墓地，头向正南，早期以仰身直肢葬为主，同时也有俯身葬和侧身葬。绝大多数墓有随葬品，女性墓较男性丰富，最多有30余件，有的石镯、镶牙镯，出土时还佩带在死者臂骨上。在几座墓里还发现整条鱼骨和龟甲，以鱼随葬的现象在我国新石器文化中尚属少见。另外，还有以狗为牺牲的。

大溪遗址早晚两期墓葬所反映的社会性质，有很大的变异，早期为母系氏族公社的繁荣阶段，晚期为父系氏族公社的萌芽阶段。

阅读链接

老关庙位于奉节县境内，地处三峡西口、长江北岸，是一处隔草堂河与白帝城东西相对的三角形台地。台地自东向西呈阶梯状倾斜。因在此地采集到大量的陶片，故而将其定名为老关庙遗址。遗址全部堆积分为上、下两层。

上层堆积遭到破坏，遗存比较混杂，绝大多数为陶器的残片，而且它们之间的文化面貌存在着较大的差异。但是，一些独见于老关庙遗址的陶片，文化特征十分鲜明。陶器为夹砂红褐色，施规整清晰的绳纹，泥条盘筑成形，流行花边唇，多为直口或敞口器，存在少量的尖底器。

下层堆积主要有生活用具和生产工具两个方面。生活用具主要是陶器，出土时绝大部分已成为碎片。

老关庙遗存的发现和确认，对于探索瞿塘峡以西地段史前文化的发生、发展与传播具有十分重要的意义。

规模宏大的青铜文化

重庆地区早期青铜文化遗存总计达142处。这些遗存主要沿长江、嘉陵江、乌江、酉水的河流宽谷分布，文化面貌以巴文化为主，多种文化因素并存，客观反映了该时期重庆地区古代族群不断迁徙、文化交流十分频繁的走廊文化特征。

夏商至春秋时期，重庆地区早期青铜文化经历了3个发展阶段。

夏代至商代中期：发现地点近20处，典型遗址有忠

■巴蜀青铜剑

县哨棚嘴、中坝，万州中坝子、云阳大地坪、云阳丝栗包、奉节新浦遗址等。该时期器物群可以分为3组：侈口罐、盘口罐、敛口罐器物组，继承了新石器时代末期峡江地区土著文化传统。小平底罐、高柄豆、灯形器、鸟头勺、器盖器物组，与三星堆文化相似。鬶、封口盉器物组，属于中原二里头文化因素。

■ 西周原始瓷卣

总体上观察，该时期文化面貌属于三星堆文化系统，是三星堆文化与土著文化结合的地区类型。据测定，忠县中坝遗址在公元前1900年至公元前1050年之间，属于夏商的纪年范围。万州中坝子农业遗迹的发现说明，该时期可能已经有相对重要的农业。忠县王家堡、老鸦冲、中坝等多数遗址大量发现陶网坠、骨制鱼钩、骨锥、石斧、石锛的现象说明，重庆多数地区还属于渔猎为主的经济类型。

商代中期至西周早期，即石地坝文化时期。以丰都石地坝遗址为代表，以三峡中部地区为核心，该时期遗存分布范围广大，至少东达巫山、东南越过乌江进入黔东北一带，西边可能涵盖了嘉陵江中下游的大部分地区。

石地坝文化第一期陶器有鼓肩小平底罐、敞口尖底盏、泥质灰陶高领瓮、卷沿盆等，年代与三星堆遗址第四期相当，大约在殷墟一期与二里岗上层偏晚阶段。

三星堆遗址 位于四川省广汉市西北的鸭子河南岸，分布面积12平方千米，距今已有5000年至3000年历史，是迄今在西南地区发现的范围最大、延续时间最长、文化内涵最丰富的古城、古国、古蜀文化遗址。有保存最完整的东、西、南城墙和月亮湾内城墙。

第二期陶器出现了圜底器，典型器物有溜肩小平底罐、折肩小平底罐、尖底罐、子母口尖底盏、高领壶等，年代与十二桥遗址早期遗存相当，属殷墟第二、三期。

第三期陶器出现船形杯、炮弹形尖底杯、角状尖底杯，子母口尖底盏、素缘绳纹罐等，年代与殷墟第四期相当。

第四期陶器敛口尖底盏、尖底钵大量出现，小平底罐、子母口尖底盏数量减少，甚至消失，年代约为西周早期。

总体上看，石地坝文化小平底罐器物组与成都平原十二桥文化接近，属于一个大的文化系统。但石地坝文化圜底罐、尖底杯器物组属于本地文化传统；石地坝文化晚期，与十二桥文化差异逐渐加大，至西周中、晚期，分别形成了两个独立的文化。

瓦渣地文化以忠县瓦渣地遗址为代表，主要分布在瞿塘峡以西，年代在公元前1130年至公元前760年之间，时代大约在西周中期到春秋时期。瓦渣地文化陶器以夹砂陶为主，以圜底器为大宗，有是尖底器和三足器。主要器类有花边口罐、釜、圜底钵、敛口尖底钵、尖底盏、炮弹形尖底杯等。

总体上看，瓦渣地文化在

019

文明开化

古老历史

■ 西周陶鬲

早期依然保留了大量的尖底器，是石地坝文化发展和演变的结果；花边口圜底罐数量、种类的突然大增，是瓦渣地文化的标志性特征。

双堰塘遗址，又名西坝遗址，或称大昌坝遗址，位于长江支流大宁河流域的大昌盆地，大宁河与磨刀溪交汇处的南岸阶地上。双堰塘遗址是三峡地区一处重要的商周时期文化遗址，遗存兼容本地巴文化和长江中游地区西周文化特征。

■ 西周青铜戟

双堰塘遗址出土了大量西周时期的文化遗存。遗迹主要有房址、陶窑、墓葬、居住面烧土、火灶、灰坑、石砌围堰、土坑墓、砖室墓和石室墓等。房址有两连间式的，系长方形地面式建筑，面阔5米，进深8米多，以河卵石作墙基，墙基宽0.3米至0.5米，泥墙经过火烤，尚存红烧土残墙，房屋呈东北至西南走向。

遗址内发现5座陶窑，对于了解当地古代制陶技术和工艺具有重要意义。陶窑平面为椭圆形，分别由窑室、窑箅、火道、火塘、火门和操作间组成。窑的长度在1.8米左右，宽度约1.2米。窑室中部是窑床，火道绕窑室一周。

双堰塘遗址墓葬较少，仅有一些零星小墓，单人仰身直肢葬，没有发现随葬品。

双堰塘遗址出土的陶器，以夹砂陶为主，泥质陶

戈 我国先秦时期一种主要用于勾、啄的格斗兵器。流行于商至汉代。其受石器时代的石镰、骨镰或陶镰的启发而产生，原为长柄，平头，刃在下边，可横击，又可用于勾杀，后因作战需要和使用方式不同，戈便分为长、中、短3种。

较少。夹砂陶用以制作炊器，泥质陶制作盛器。陶器纹饰有绳纹、网格纹、戳印纹、附加堆纹等。器形有鬲、罐、花边口罐、豆、盘、碗、尖底杯、尖底盏、鼎、器盖、瓮、缸、灯形器、网坠、纺轮、弹丸等。

出土的玉器有璜、玦、坠、珠、管等。石器有刀、斧、锛、凿、管、杵、磨石等。青铜器有笄、管、镞、鱼钩、器足、饰件等。此外，还发现卜甲残片。

小田溪墓群位于涪陵区白涛镇陈家嘴村，地处长江支流乌江西岸一级台地上。有错金编钟、虎纽錞于、铜钲等乐器，有铜戈、铜剑、铜矛、铜镰、铜箭镞等兵器，还有铜盆、铜壶、铜镜、铜釜等生活用具和铜斧、铜凿等生产工具。

李家坝遗址位于云阳县高阳镇，是从商、周开始的巴人墓葬群。遗址内涵丰富、时段长、规模大且保存完好。墓葬均为竖穴土坑墓，分布密集，排列大致有序。葬式具一定特色，部分墓葬有殉人、殉头现象，为战国时期巴人实行人牲人殉制度提供了重要实证。

墓葬随葬品丰富，出土了大批精美的战国时期巴蜀文化青铜兵器，其中龙蛇纹矛、通体饰云雷纹矛、通体线刻浮雕虎纹等，均为巴文化精品，具有重要学术价值。同时随葬器物文化面貌丰

■ 西周玉佩

富多彩，显示出多种文化交流融合的独特文化特征和时代特征，为研究巴文化的发展、繁荣和融合消失提供了新的极具价值的资料。

该遗址作为巴人分布在澎溪河流域的一个区域性中心，是继涪陵小田溪遗址之后，巴文化研究领域的又一重要考古发现，对研究和揭示巴文化的历史面目、探索巴蜀文化及楚文化的联系和差异等问题具有重要意义。

巫山双堰塘、云阳李家坝等西周遗址的宏大规模和丰富的出土遗物，暗示了三峡地区西周时期曾存在过大规模的都市聚落，它们为探索三峡地区古代巴人早期的都市聚落提供了重要的线索和实物资料，对揭开古代巴都之谜、复原早期巴人历史则具有重要的、特别的意义。

此外，在涪陵镇安，武隆土坎，忠县老鸹冲，万州中坝子、余家河、曾家溪等地点发现了数百座战国晚期至西汉早期墓葬，出土巴文化遗物为主，演变规律比较清晰；铜印章类型多样，以"巴属图语"印章为主。中坝子遗址战国墓葬出土的陶豆上刻画与"巴蜀图语"类似的文字、太阳、五星等符号。

阅读链接

错金编钟一套14枚，最大一枚高27厘米，最小一枚高14.6厘米。这套编钟，长方形鼻钮，两铣下垂，通身以浇铸和错金的技法，饰以精美的花纹。花纹突起的地方，似由蟠虺纹变化出来的，在低下的底子中加上极为纤细的旋涡纹、绳索纹。舞部为云雷纹；篆带有涡纹。篆带上下及两篆间各有涡纹钟乳突起，每区3层9枚，正背4区共36枚。两鼓面作蟠虺纹。

其中8个编钟的钲、于部有优美、古朴的错金纹饰。舞部及枚间有剔凿的槽，或透空或不透空，称为"隧"，是用来校正音高的，与音律有关。

随编钟出土的还有14个插销，它是一根断面作正方形的铜棍，载钉顶端一律作错银兽面形装饰，与钟之钮大小皆合。

巴渝底蕴

　　商周时期，巴部落开始在先巴文明的基础上，建立以部落联盟为基础的奴隶制国家，形成了具有浓厚特色的巴文化。

　　在巴渝这块积淀深厚的土地上，巴渝先贤圣杰们，或心灵手巧，或才思过人，或大义凛然，或慷慨英勇，创造了宝贵的物质精神财富，捍卫了国土和民族的尊严，所以，得以千古流芳，名垂青史：巴蔓子将军，献头不献身；南宋名将王坚在钓鱼城勇挫蒙古大军，折断"上帝之鞭"；一代女将秦良玉，巾帼不让须眉……

巴蔓子宁割头毋割地

巴将军塑像

距今约3700年前，在四川东北部和长江、嘉陵江、汉水流域，散居着一个骁勇善战、勤劳朴实、以捕鱼狩猎和耕作为生的古老巴部落。巴族充满了神秘色彩，以蛇为图腾；其属有濮、賨、苴、共、奴、獽、夷、蜒之蛮。

至夏禹时期，巴国加入夏王朝，成为夏王朝的诸侯之一。而到商朝中叶高宗武丁时代，商不断对外用兵，扩大版图，征服四方部族、方国。当武丁妻妇好率大军进入沔水一带的时候，同巴人发生了激烈的战争，巴最后战败，被迫向商王朝纳贡服役。

在商王朝凌厉的攻势之下，巴部落被迫放弃汉水中游一带，向南迁徙于长江夔、巫一带。其后渡江而南，进入清江流域，后又溯清江而上，进入川东地区，开辟新的疆土。

巴部落入川后，向西、向北发展。商朝末年，巴人因屡遭商的侵袭，参加了以周为首的反商战争。在牧野之战中，巴人为前锋，“巴师勇锐，歌舞以凌殷人”，对战胜商王朝起了重要的作用。

巴蔓子雕像

周王朝建立后，周武王封宗姬于巴，其首领称巴子，以江州为都城。西周初年，巴立国于南土，与楚、邓、濮为邻，其活动范围大致在陕西东南部的汉水流域到四川东北部大巴山地区。

战国时期，巴国疆域“东至鱼复，西至僰道，北接汉中，南接黔涪”，控制了以嘉陵江、长江、汉水、乌江流域为腹地的广大地区，巴国逐步建立起了比较完备的奴隶制国家。巴王是国内最大的领主，拥有最高军政权力，直接统治其中心地区。巴王任用各级贵族为卿大夫，分封王国于各地，把土地、人民封赐给他们作为采邑，命令他们镇守疆土、按职纳贡和

武丁（前1250年—前1292年在位），子姓，名昭，商王小乙之子。是我国商朝第23位国王，商朝著名军事统帅。在位时期，曾攻打鬼方，并任用贤臣傅说为相，妻子妇好为将军，商朝再度强盛，史称“武丁中兴”。

■ 楚王酓璋剑

郢都 是楚国的都城，位于湖北省荆州北面离城8千米的纪南城。曾经有20个王以此为都城，历时400多年，因此成为了当时南方重要的商业中心。公元前278年，郢都遭到秦国军队入侵，因而变成废墟。

庸国 古国名，据载曾随同周武王灭商。春秋时，是巴、秦、楚三国间较大的国家。建都上庸。公元前611年，为楚所灭。古庸国故址在堵河干流经田家坝镇与苦桃河汇流后向东的大河弯处，这里有"三面际水""北坝窑场遗址""桃园遗址""黄土坡遗址"等。

从军出征，成为巴王统治各地的支柱。

从春秋时期开始，巴与楚虽是长江中上游地区相邻的两个大国，而在中原各诸侯国的眼中，仍视为蛮夷之国，所以巴与楚常常结成同盟，以维持各自的地位和利益。譬如公元前678年，楚与巴联手灭掉了位于鄂西的庸国，后又联合讨伐位于河南南阳一带的申国。但是，巴与楚又经常发生矛盾，甚至相互打仗。譬如公元前676年双方出兵伐申时，楚文王使巴军惊骇，导致了巴与楚关系的破裂。巴人转而出兵伐楚，在津地将楚军打得大败，楚文王也因此而病死了。

到了公元前477年，巴人又再次伐楚，包围了楚国的鄾邑，但最后，楚国击败了巴军。到了战国时期，为了改善两国的关系，巴与楚采用联姻化解矛盾。

战国中期，巴国走向了衰落，一些贵族趁机向巴王室索取政治经济利益，以至发动了武装叛乱，人民遭受了深重灾难。驻守在巴国东部边境的忠州人巴蔓子将军决定赶回国都江州平乱，但他掌握的兵力却不足以战胜贵族武装，巴蔓子决定向东边的楚国借兵。

在楚国郢都，巴蔓子向楚王说明了来意，恳请楚王出兵。楚王答应出兵，但却提出了一个条件，要巴蔓子割让他驻守的3座城池，同时要他把儿子送到楚国当人质。楚王说："他什么时候来，你什么时候把军队带走。你看怎么样？"

以人质作抵押，在战国时代也是一种外交惯例，目的是取得诚信。但那样一来，时间被耽搁了，巴国的内乱恐怕已经不可收拾，借兵就失去了意义。巴蔓子一下急了，对楚王说："不行！楚王如果怀疑我的诚信，这个兵不借也罢！你如果还相信我，今天就让我把军队带回去。到时候你拿不到3座城，我把脑壳砍给你！我巴蔓子从来说话算话！"

楚王见一向耿直的巴蔓子把话说到这个份上，也不好再说什么，答应立即出兵。巴蔓子带着楚军赶回江州，很快打垮了贵族叛乱武装，恢复了国内秩序。

过了些日子，楚王派出使臣找到巴蔓子，要求他兑现当初的承诺，将3座城池割让给楚国。巴蔓子对楚使说："不错，当初我的确答应过，但那是楚王乘我国遭遇危机强加给我的条件，我作为将军本来就守土有责，岂能私下将3座城池割让给外国呢。尽管如此，当初我答应了楚王，也一定要信守承诺，决不让你这个使臣为难。城不能割，但我的头可以割。用我之头，充我之城，以谢楚王，这样可以吧？"

巴蔓子说完便抽出佩剑，一下将自己的头割下来。奇迹在这时发生了，断头之后的巴蔓子仍然站立着。史籍记载的情节是，"蔓子乃自刎，以头授楚使"。

楚国使臣没有完成接收巴国三城的任务，只得

战国楚王鼎

巴蔓子雕塑

将巴将军的头颅带回国去复命。楚王听罢不禁深受感动，说："假使我们楚国能得到巴蔓子这样忠勇义气的将军，又何必在乎那几座城池呢！"

于是，楚王下令以上卿之礼埋葬了巴蔓子的头颅。巴国也为巴蔓子举行了国葬，其无头之躯埋葬在国都江州。

自此之后，楚国便向巴国大举进攻。楚国不断向西进逼，巴国步步败退，接连丧失了陕南、湘西、川东、黔北的大片领土，长江一线也被迫退守鱼复。楚威王时，很快占领了巴国的军政中心枳和江州。巴国都城不断迁移于枳、平都、江州、垫江之间，最后迁至阆中，这时，巴国仅剩川东北一隅之地。

巴山风情

巴渝文化特色与形态

阅读链接

千百年来，巴蔓子将军以身殉国的英雄壮举，在巴渝大地上广为传颂。唐贞观八年也就是634年，太宗皇帝念巴将军的忠仁，改其故里"临州"为"忠州"，即后来的忠县。

宋时，人们在忠州城内为巴将军建了一座祠庙，以供后世人瞻仰，该祠早称永贞祠，后称巴王庙。每年的农历三月三日，即巴蔓子的忌日，忠州城内都要举行盛大的"三月会"以纪念其功绩。

据明代史籍记载："每值会期，旗帜塞巷，金鼓鸣街，彩亭锦棚，相望盈道。"在忠县境内，还有许多以巴蔓子将军命名的历史遗迹与地名。

足智多谋的斗将甘宁

巴国的故地巫巴山地，由于战略地位的重要，秦攻占楚郢都后将其分别划归为巴、南、黔中3郡，西面的鱼复县属巴郡，东面的巫县属南郡，南面的清江地区则仍保留在黔中郡内。

大将军甘宁塑像

巴山风情

巴渝文化特色与形态

■ 古代栈道

太守 原为战国时期郡守的尊称。西汉景帝时，郡守改称为"太守"，为一郡之最高长官，除治民、进贤、决讼、检奸外，还可以自行任免所属掾史。历代沿置不改。至隋代初期遂存州废郡，以州刺史代郡守之任。此后太守不再是正式官名，仅用作刺史或知府的别称。明清时期则专称知府。

公元前221年，秦始皇分天下为36郡，巴郡为其一，郡治江州。西汉时期，川东仍置巴郡，含11县，郡治江州。11县城均位于长江、嘉陵江、乌江沿岸，大致与巴国治区一致。

甘宁，字兴霸，巴郡临江人。甘宁"少有气力，好游侠"。但他不务正业，常聚合一伙轻薄少年，并自任首领。

后来甘宁不再攻掠别人，开始读书，钻研诸子百家之说。后决定率领800多人去依附刘表。路经夏口，部队不得过，甘宁只好暂且依靠江夏太守黄祖。

公元203年，孙权领兵西攻江夏，黄祖大败，狼狈溃逃。甘宁带兵为其断后。他沉着冷静，举弓劲射，射杀孙权的破贼校尉凌操。孙军不敢再追，黄祖性命这才得以保全。甘宁立下大功，可黄祖仍不重用他。甘宁也想弃之而去，只是没有一条万全的途径，因而独自忧愁苦闷，无计可施。

江夏都督苏飞察知甘宁之意，邀请甘宁置酒欢宴。酒酣之际，苏飞对他说："我数次推荐，主上不肯任用您。日月流逝，人生几何？应该早做长远打算，寻一个知己，成一番大事！"

甘宁停了一会儿，说："我也想走，可惜没有合适的机会。"

苏飞说："我请主上派你去做邾长，那时，你可以自己决定去就。"甘宁非常高兴。

于是，苏飞提出让甘宁任邾长，黄祖同意。甘宁招回原来离去的一些手下，又聚集一些愿意相从的人，带着他们投奔了孙权。

由于周瑜、吕蒙的推荐，孙权对甘宁十分器重，对待他如原来那些老臣一般。甘宁心情愉快，立即向孙权献计："今汉祚日微，曹操弥憍，终为篡盗。南

曹操（155年—220年），字孟德，小字阿瞒，沛国谯人。东汉末年杰出的政治家、军事家、文学家、书法家。三国时期曹魏政权的缔造者。曹操精兵法，善诗歌；散文亦清峻整洁，开启并繁荣了建安文学，史称建安风骨。同时又擅长书法，尤工章草，唐朝张怀瓘在《书断》中评其为"妙品"。

■ 甘宁雕像

荆之地，山陵形便，江川流通，诚是国之西势也。宁已观刘表，虑既不远。儿子又劣，非能承业传基者也。至尊当早规之，不可后操。图之之计，宜先取黄祖。祖今年老，昏耄已甚，财谷并乏，左右欺弄，务于货利，侵求吏士，吏士心怨。舟船战具，顿废不修，怠于耕农，军无法伍。至尊今往，其破可必。一破祖军，鼓行而西，西据楚关，大势弥广，即可渐规巴、蜀。"

孙权很赞赏这一意见，坚定了用兵的决心。公元208年春，孙权西征黄祖，战斗打得很激烈，但最后果然如甘宁所说，擒获了黄祖。

■ 甘宁雕塑

孙权攻破黄祖，曾做好了两个匣子，用来盛黄祖和苏飞的首级。苏飞托人向甘宁求告。甘宁说："就算苏飞不说，难道我甘宁会忘记他的恩情吗？"

时孙权摆酒，为诸将庆功。甘宁走下席位向孙权叩头，血泪交流，对孙权诉说苏飞过去对自己的恩义，并且说明："甘宁我如果不遇苏飞，早已死填沟壑，当然也就不能尽忠报效您了。如今苏飞罪当斩杀，我冒昧地向您求情，免他一死。"

孙权非常感动，说："我可以放过他，可是他若逃跑，怎么办呢？"

甘宁说："苏飞免受斩杀，受您再生之恩，即使赶他走，他也不会离开，哪有逃跑之理！如果他跑

周瑜（175年—210年），字公瑾，庐江舒县人，汉末名将。208年，周瑜率江东孙氏集团军队与刘备军队联合，赤壁之战大败曹军，由此奠定了三分天下的基础。正史上周瑜"性度恢廓""实奇才也"，范成大誉之为"江左风流美丈夫"。

了，就把我的首级代替他的装入匣中！"

孙权同意甘宁的请求，赦免了苏飞。

同年冬，曹操进兵荆州，甘宁跟随周瑜在乌林大破曹操。接着，又到南郡攻打曹仁，但未能攻克。甘宁献策，由他率兵从小路取江陵上游的夷陵，以便东西夹击曹仁，迫使其北撤。周瑜命他统兵前往，甘宁日夜兼程，果然一举占领，于是，据守城中。

曹仁见势不妙，立即派五六千人去围攻夷陵，企图一举夺回这一战略要地。时甘宁手下只有数百军士，加上破城新增的兵员，也不过1000人左右。

曹军在城外搭设高台，连续几天，从上面向城中射箭，箭密如雨，军吏胆战心惊，唯甘宁谈笑自若。甘宁派人出城向周瑜求援。

周瑜采用吕蒙之计，率领众将前来解除了夷陵之围。曹仁部众损失过半，连夜逃遁。途中又遭到截击。甘宁乘胜追击，准备与曹军决一雌雄。曹仁不敢再战，全军撤回北方。

后甘宁随鲁肃镇守益阳，抵挡关羽。时关羽兵盛，号称3万，并自选精兵5000人，在上游十余里长的浅滩集结，声称要乘夜徒步过渡。鲁肃召集诸将商议对策。

甘宁当时只有300兵丁，说："可复以五百人益吾，吾往对之，

鲁肃（172年—217年），字子敬，临淮郡东城县人，东汉末年东吴著名的战略家、政治家、外交家。为东吴策划天下大势，在周瑜去世后接掌前线军事，力主与刘备势力联合对抗曹操。

033

人杰地灵

巴渝底蕴

■ 甘宁雕像

保羽闻吾欬唾，不敢涉水，涉水即是吾禽。"

鲁肃当下选1000人给他。甘宁连夜赶到上游设防。关羽闻甘宁来，见对方有了准备便放弃了渡河计划，而在岸上捆扎柴木作为军营。后人则把此地称为"关羽濑"。孙权嘉奖甘宁的功劳，拜为西陵太守，统阳新、下雉两县。

公元220年，甘宁去世，孙权深深痛惜。

甘宁性情急躁，易于激动，发怒时动辄要打人甚至杀人，而且有时不完全听孙权的命令。但他勇敢坚毅，豪爽开朗，足智多谋，器重人才，轻财好施，关心部属，士兵乐于从命。

孙权善于用人，"不求备于一人"，能"忘其短而用其长"。在孙权的手下，甘宁发扬了自己的优点和长处，成为三国时代有名的"斗将"。

阅读链接

公元211年，蜀先主刘备应益州牧刘璋之迎，率众溯江而上到达江州，又由巴水北上。公元214年，刘备令张飞攻克江州，获其守将严颜，随即尽据益州，以费观为巴郡太守，领江州都督。后以赵云督守江州，李严筑江州大城。李严所筑的大城约在观音岩至上清寺一带，称为大城，或称为北城。而张仪所筑的城，称为小城，或称为南城。公元263年蜀亡后，魏分益州为益、梁两州，巴郡属梁州管辖。

西晋时，因战乱的影响，原来居住在贵州和四川边境高山地区的大量僚人，迁居到巴渝地区，僚人与汉人杂居，为共同开发江州地区做出了很大的贡献。

南宋四虎将巴蜀抗蒙军

渝州之称沿用至北宋晚期，时近600年之久，给人们留下了深刻的印象，加之又富地方特色，所以，千百年来人们通常把重庆简称为"渝"或"渝州"，称该地区的文化为"巴渝文化"。

北宋时期，当时渝州籍人、国子博士赵谂在回渝省亲时，被人告发说他在渝州与同党李造、贾士成等扬言要诛杀皇帝身边的奸臣，其语狂悖，有谋反之意。

因赵谂家庭原系渝州南部少数部族，投降宋朝后才被赐以国姓，并封为国子博士。当他被告发后，北宋朝廷立即对赵谂进行处罚，并因此而厌渝州的"渝"字，认为"渝"字有改变、违背和谋反之意。

宋代执剑武士石刻

为了"恭行天罚"以治之，叫人民永远恭顺，故改渝州为"恭州"。

公元1189年正月，南宋第二个皇帝宋孝宗封其第三子惇于恭州，称为恭王。同年2月，孝宗禅位于恭王，是为宋光宗。

宋光宗即位后，按照宋王朝潜藩升府的惯例，于当年8月升其藩封之地为府，因惇先封于恭州，后即帝位，是为"双重喜庆"，恭州故曰"重庆"。这是重庆得名之始。此后，重庆地区的辖境范围虽有伸缩，然地名再无更易。

南宋末年，蒙古大军开始他们世界性大规模的征伐。时任四川安抚制置副使的彭大雅虽然知道重庆城易守难攻，但出使北方的时候，他已经亲眼见识到蒙古铁骑的风驰电掣，他非常担心蒙古大军的下一个目标就是南宋。因此，为了抵御蒙古军队的进攻，彭大

■ 钓鱼城炮台

雅在1239年至1240年组织大量人力物力重筑重庆城墙。

■ 钓鱼城遗址

古代的城墙都是用泥土砌成，非常脆弱，不堪一击，于是彭大雅下令全城军民用砖石砌墙，并扩大了整个重庆城的规模，延伸到了通远门、临江门一带。

当时的百姓和官员们都十分不理解，对彭大雅在这个经济困难时期大兴土木非常不满，他们走到衙门里大声责骂他，但是彭大雅却说："不把钱作钱看，不把人作人看，无不可筑之理。"

这是历史上重庆石构城墙的开端。彭大雅筑重庆城，成为挽救巴蜀战局的起点，从此，重庆由普通府城向宋军在四川的政治军事中心转变。

可惜的是，就在彭大雅筑城竣工与敌人鏖战之时，他因为功高受人妒恨，被奸人屡进谗言，昏庸的宋理宗将他革职查办。彭大雅被贬为庶民，最后带着忧愤和遗憾离世。

之后，南宋置司重庆，另派四川安抚制置使兼重

衙门 旧时称官署为衙门。别称六扇门。衙门是由"牙门"转化而来的。"牙门"系军旅营门的别称。当时战事频繁，王者打天下，守江山，完全凭借武力，因此特别器重军事将领。军事长官们以此为荣，往往将猛兽的爪、牙置于办公处。后来嫌麻烦，就在军营门外以木头刻画成大型兽牙作饰，营中还出现了旗杆端饰有兽牙、边缘剪裁成齿形的牙旗。于是，营门也被形象地称作"牙门"。

兵部尚书 曹魏时置五兵尚书，隋唐始设兵部，成为六部之一。在秦汉时是少府的属官，初名尚书台；三国时代，尚书台脱离少府，成为全国政务的总汇。西魏、北周废尚书省。隋唐后又恢复尚书省，高颎任尚书左仆射，成为最高行政首长，自此尚书省成为魏晋至宋的中央最高政府机构之一。

庆知府余玠镇守重庆。余玠是重庆历史上著名的英杰之才。

余玠抵达夔州之后，革除弊政，实行轻徭薄赋、整顿军纪、除暴奖贤、广纳贤良、聚小屯为大屯等政策。采纳播州人冉氏兄弟建策，采取依山制骑、以点控面的方略，先后筑青居、大获、钓鱼、云顶等10余城，并迁郡治于山城。又调整兵力部署，移金州戍军于大获；移沔州戍军于青居；移兴元戍军于合州，共同防守内水；移利州戍军于云顶，以备外水。诸城依山为垒，据险设防，屯兵储粮，训练士卒。经数年建设，逐步建成以重庆为中心，以堡寨控扼江河、要隘的纵深梯次防御体系，边防稍安。

1246年春，蒙古军大将塔塔歹贴赤分兵四路入侵四川。余玠依靠新建立的山城防御体系，打退了蒙古军的进攻。余玠守巴蜀有功，1248年被任为兵部尚

■ 钓鱼城城门

■ 钓鱼城忠义祠

书，仍驻四川。

1252年10月，蒙古军汪德臣、火鲁赤部大规模入侵，进抵嘉定，余玠调集巴蜀精锐，组织大规模会战，将蒙古军击退。

1253年，朝廷反战派谢方叔任左相，诬告余玠"擅专大权，不知事君之礼"。宋理宗听信谗言，召余玠还朝。余玠愤懑成疾，于是年7月服毒自尽。

余玠守蜀，针对蒙古军骑术精良、善于野战的特点，采取守点不守线、联点而成线的方略，利用山险制骑，改变了被动挨打的局面，屡败蒙古军，为以后抗蒙作战奠定了良好基础。

公元1258年，蒙古大汗蒙哥率军4万入川，连破数城，至钓鱼城受阻。钓鱼城军民在宋将王坚、张珏的率领下，英勇抵抗，使蒙军损兵折将，最后连蒙哥

张珏 字君玉，凤州人，南宋末年抗元名将。他以战功递升中军都统制，人称为"四川枭将"。张珏坐镇钓鱼城有很长的一段时间，阻止并粉碎了蒙古军的大举进犯，保卫了南宋王朝的半壁江山。

■ 钓鱼城遗址

本人也被宋军炮石击中受重伤，后死于温塘峡，蒙军主力被迫撤退。

钓鱼城之战创造了以山城设防击败当时横扫欧亚无敌手的蒙古贵族铁骑的战绩，是战争史上罕见奇迹。钓鱼城由此在世界中古史上，赫然竖立了"延续宋祚、缓解欧亚战祸、阻止蒙古向非洲扩张"的不朽丰碑。当时，钓鱼城就以"东方的麦迦城""上帝折鞭处"的威名震惊了中外。

元世祖忽必烈即位后，对四川增兵派将，以精锐部队再攻重庆，四川制置副使兼知重庆府事张珏率部顽强抵抗，后因其部将开门降元，重庆城始破。

阅读链接

王坚，邓州彭桥人，生于1198年。南宋嘉定时，为防金兵南侵，王坚应募赴枣阳加入"忠顺军"，为孟珙部下。王坚在忠顺军内，作战勇敢，置生死于度外，且极有谋略，升为劲军统制，管忠顺军，在杏山山区屯田、练兵，守备御敌。

1240年，蒙古军驻顺阳丹江沿岸，准备造船南侵江汉。王坚潜兵烧毁其船材，自此崭露头角，成为孟珙部下得力将领。蒙古军攻四川，王坚随孟珙入川御敌。

1254年，升兴元府都统兼知合州，主持钓鱼城防务。

1258年至1259年，王坚率兵在合州抗击蒙古军进攻的著名江河山岳地要塞防御战。之后调任湖北安抚使等职，因遭权臣贾似道排斥，愤世而亡。

秦良玉巾帼不让须眉

长久以来，在民间流传着许多古代巾帼英雄的故事，如花木兰、平阳公主、樊梨花、杨门女将、梁红玉等。但这些人要么是民歌或演义中的人物，要么就是其身份并非正式的将军。在我国数千年的历史上，秦良玉是历史上唯一一位被二十五史载入将相列传的女将军，填补了正史将相列传中长期以来无女性的历史空白。

1574年，苗族女子秦良玉出生在忠州城西乐天镇郊的鸣玉溪边。父亲秦葵诗书持家，育有三男一女，秦良玉居于第三，上有哥哥秦

秦良玉画像

■ 马援将军画像

巴山风情

巴渝文化特色与形态

宣抚使 官名。唐
后期派大臣巡视
战后地区及水旱
灾区，称宣先安
慰使或宣抚使。
宋不常置，掌宣
布威灵、抚绥边
境及统护将帅、
督视军旅之事，
以二府大臣充。
元于西南少数民
族地区置，管理
军民，参用土
官。明清沿置，
为武职土官。

邦屏、秦邦翰，下有弟
弟秦民屏。

秦良玉自幼深受忠
义家庭"执干戈以卫社
稷"的思想影响，从其
父工诗书字画之余，也
不忘操练武艺、演习阵
法，显露出一般女子所
难企及的军事才能，素以"饶胆智、善骑射、熟韬
略、工词翰、仪度娴雅、而驭下严峻"称著于世。

幼年时代秦良玉就树立了一颗掌军挂帅的雄心。
秦葵曾对她说："惜不冠耳，汝兄弟皆不及也。"她
答道："使儿掌兵柄，夫人城，娘子军不足道也。"

秦良玉是一个秀外慧中的女子，因此择偶眼光非
常高。当时，忠州纨绔子弟曹皋看上了秦良玉，被秦
断然拒绝，后来曹皋加害于她，以秦良玉支持抗税斗
争之名将其打入大牢。

出狱后，秦良玉在家中搞了一次比武招亲，曹皋
也来应征，自然不是对手。在这次招亲中，秦良玉相
中了石柱宣抚使马千乘。马千乘是名门之后，其先祖
乃汉朝"马革裹尸"的伏波将军马援。

1595年，秦良玉嫁给了马千乘为妻。石柱也属忠
州，离秦良玉的娘家不远，是一个以苗族人为主的郡
县，朝廷设置宣抚使统辖这些归顺了大明的苗人。

宣抚使最重要的责任就是训练兵马，维护安定。
夫唱妇随，秦良玉一身文韬武略在这里派上了用场，

几年的时间，她就帮着丈夫训练了一支骁勇善战的"白杆兵"。

所谓"白杆兵"，就是以持白杆长矛为主的部队，这种白杆长矛是秦良玉根据当地的地势特点而创制的武器，它用结实的白木做成长杆，上配带刃的钩，下配坚硬的铁环，作战时，钩可砍可拉，环则可作锤击武器，必要时，数十杆长矛钩环相接，便可作为越山攀墙的工具，悬崖峭壁瞬间可攀，非常适宜于山地作战。马千乘麾下的数千名白杆兵骁勇异常，威震四方，确保了石砫的一方平安。

1599年，播州宣慰使杨应龙，割据地方，鱼肉乡里，朝廷调他东下抗倭援朝，他非但拒不出师，反而乘机煽动叛乱。次年二月朝廷集结重兵，兵分八路围剿叛军，马千乘亦率500精兵跟随，在平叛战争中，秦良玉初露锋芒，"连破金筑七塞，取桑木关，为南川路战功第一"。

对秦良玉巾帼不让须眉的英勇行为，大明总督李化龙大为叹异，命人打造一面银牌赠与秦良玉，上镌"女中丈夫"4个大字，以示表彰。

平叛后论功行赏，石柱白杆兵被列为川南路第一有功之军，秦良玉初次参加大战，立下汗马功劳，除受到重奖外，"女将军"的英名远播四方，闻之者无不肃然起敬。

总督 清朝时期对统辖一省或数省行政、经济及军事的长官之称，尊称为"督宪""制台"等，官阶为正二品。有直隶总督、两江总督、四川总督、闽浙总督、云贵总督、湖广总督、两广总督、东三省总督和陕甘总督。

043

人杰地灵

巴渝底蕴

■ 秦良玉画像

■ 秦良玉总镇关防印

诏书 皇帝布告天
下臣民的文书。
在周代，君臣上下
都可以用诏字。秦
王政统一六国，建
立君主制的国家
后，号称皇帝，
并改命为制，令为
诏，从此诏书便
成为皇帝布告臣
民的专用文书。
汉代承秦制，唐
宋时期废止不
用，元代又恢复
使用。

1613年8月，马千乘因开矿事得罪太监邱乘云，瘐死云阳狱中。按土司夫死子袭，子幼则妻袭之制，秦良玉袭任石柱宣抚使。

明神宗万历末年，满人崛起于东北的白山黑水之间，以努尔哈赤为汗，建立后金，公然叛明。明神宗调集8万大军征边应敌，却不料出师不利，几乎全军覆没。

辽东情势危急，直接威胁着大明之都北京城的安全。朝廷急调全国兵马赴援，秦良玉此时已经46岁了，仍然亲自率领3000名白杆兵，连同自己的哥哥、弟弟、儿子，日夜兼程北上卫边，为国效力。

到了1620年，秦良玉的白杆兵已与后金军队打了几场硬仗，大大挫伤了后金兵的锐气。这时，明神宗驾崩，明光宗继位，光宗在位仅一个月就崩逝，又由明嘉宗登上了皇帝宝座。

前后几个月时间，明廷频繁易主。后金乘虚而进，攻占了沈阳，其气焰十分嚣张，秦良玉的大哥秦邦屏和弟弟秦民屏，为了抢回大明损失的国土，强渡浑河与后金兵激战，无奈因寡不敌众，秦邦屏战死疆场，秦民屏身陷重围。

秦良玉闻讯后，亲自率领百名白杆兵，渡河杀入重围，拼死救出了弟弟，抢回了哥哥的尸体。其后，朝廷任命秦良玉为把守山海关的主将。

要塞山海关是东北通向内地的必经之路，后金军屡次派重兵前来叩关挑战，秦良玉都不为所激，只命部下加固防守，终使金兵无法得逞。

一次，秦良玉的儿子马祥麟带兵巡关时，被敌军的流矢射中一目，他忍痛拔出箭镞，援弓搭箭向远处的敌人射去，连发3箭，射死3个敌人，后金将领大为震惧，从此不敢轻易再来山海关挑衅了。

短短的时间内遭遇了兄亡子伤，秦良玉悲痛欲绝、肝肠寸断，于是上书皇帝，陈述了自家军队作战及伤亡情况，明嘉宗深为感动，下诏书赐予秦良玉二品官服，并封为诰命夫人，任命其子马祥麟为指挥使，追封秦邦屏为都督佥事，授秦民屏都司佥事之职，还重赏了白杆兵众将士。

山海关战事暂时平息了，于是秦良玉率部返回石柱。返回之时，正赶上永宁宣抚使奢崇明起兵叛乱，奢崇明的党羽樊龙占据了重庆，听说秦良玉带兵回到了石柱，马上派人携金银厚礼去与她联络，想请她共同举兵。

秦良玉大怒，当即斩了来使，火速发兵，溯江西上赶到重庆，出其不意地打败了樊龙的部队，攻占了重庆。紧接着，她又率兵直赴成都，彻底击毁了叛军势力。朝廷闻报后，授秦良玉为都督佥事，并

045

人杰地灵

巴渝底蕴

■ 明代山海关图

■ 明代授官图

杨嗣昌（1588年—1641年），字文弱，号字微，湖南武陵县碴口坡人。万历三十八年进士，崇祯十年任兵部尚书，用"四正六隅""十面之网"之策镇压农民起义军，荐熊文灿总理六省军务。后因熊文灿失职，亲自出京督师，被张献忠以走致敌战术牵制，疲于奔命。后闻襄王被杀，因自感有愧于崇祯帝的信赖绝食而死。

任命她为石柱总兵官。

　　1627年，明熹宗驾崩，熹宗之弟朱由检继承皇位，史称明思宗，即崇祯皇帝。此时的后金，已经改国号为清。清兵趁朝廷改帝之机，由蒙古人作向导，从龙井关越过长城，直奔通州，京师形势十分急迫。明朝廷再次诏天下诸军镇边勤王。秦良玉接旨后，带领她的白杆兵，日夜兼程赶往京师，并拿出自己的全部家产作为军饷，以补朝廷因连年应战而造成的军需不足。

　　狭路相逢勇者胜。秦良玉的白杆兵与清兵在京师外围相遇，还没来得及安营扎寨，就开始了全面进攻。年已55岁的秦良玉，手舞白杆长矛，锋刃所过之处，清兵一败涂地。所有白杆兵将士，无不以一当十，打得清兵望风披靡落荒而逃。很快，秦良玉接连收复了涿州、永平，解救了京城之围。

　　北京围解之后，崇祯皇帝大加感慨，特意在北京平台召见秦良玉，优诏褒美，赏赐彩币羊酒，并诰封一品夫人，加封少保、挂镇东将军印。并赋诗4首以彰其功：

　　其一：学就西川八阵图，鸳鸯袖里握兵符。由来巾帼甘心受，何必将军是丈夫。

其二：蜀锦征袍自裁成，桃花马上请长缨。世间多少奇男子，谁肯沙场万里行！

其三：露宿风餐誓不辞，饮将鲜血代胭脂。凯歌马上清平曲，不是昭君出塞时。

其四：凭将箕帚扫胡虏，一派欢声动地呼。试看他年麟阁上，丹青先画美人图。

八阵图 相传诸葛亮御敌时以乱石堆成石阵，按遁甲分成生、伤、休、杜、景、死、惊、开八门，变化万端，可挡10万精兵。八阵图吸收了井田和道家八卦的排列组合，兼容了天文地理，是古代不可多得的作战阵法。

崇祯皇帝有生之年，享国日浅，遭逢多难，很少有闲情逸致吟诗作赋，除赠秦良玉诗外，仅有赠杨嗣昌的五绝传世。如此之殊荣，足可见秦良玉之丰功伟绩。

秦良玉不仅擅长带兵打仗，而且十分注重军需的生产。她在北京驻扎期间，曾令部下与女眷纺棉织布，故而附近的一些胡同就被后人呼之为"棉花胡同"。清代曾有人写《四川营吊秦良玉驻兵遗址》一

■ 明代官员服饰

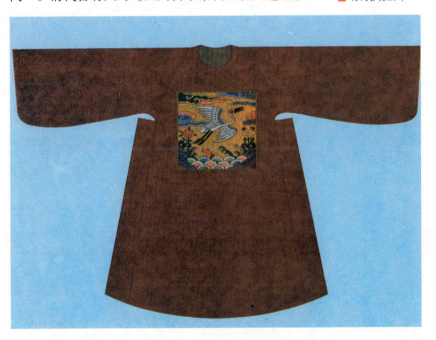

■ 明代官员冠帽

诗咏道:

金印凤传三世将，绣旗争认四川营。
至今秋雨秋风夜，隐约钲声杂纺声。

1647年，端阳节过后，75岁的秦良玉在一次检阅过白杆兵后，刚刚迈下桃花马，便"身倾，遂殁"，结束了她战功赫赫的传奇人生。

阅读链接

秦良玉陵园位于石柱县，建于1648年。前临龙河，背靠回龙山，园内青松茂密，园外翠竹依依，陵园正中是秦良玉墓两座，据传，秦良玉之墓共有48座，孰真孰假，世人莫辨。

此处墓碑上书有："……太子太保忠贞侯贞素秦太君墓"，横额为"功名一世"，左右联为："袞土服清懿，锦袍帛带仰官仪；勤王有明祯，巾帼一人骁将略。"碑两侧有麒麟各一，左右还有青狮、白象、石俑、石马各一。陵园中另有秦良玉兄弟和后代子孙及麾下将领的墓葬20余座。陵园前可见龙河岸边的"仙人洞"，此乃悬棺群。

得天独厚的自然条件，悠久的历史和丰厚的人文积淀，巴之先民不仅创造出了较高水平的物质文明，还留下了丰富的历史文化遗产，使得巴渝大地在饮食、雕刻、寺庙建筑、民居建筑、桥梁建筑等方面，呈现出了独具特色的艺术风格。

如内容丰富的大足石刻、缙云山中的八大寺庙、巴渝地区的丛林名刹、长江沿岸的人文古迹、风格独特的湖广会馆、富有特色的巴渝桥梁……

地域之魂

特色拾英

内容丰富的大足石刻

　　大足石刻是重庆大足境内主要表现为摩崖造像的石窟艺术的总称，分布在北山、宝顶、南山、石篆山、石门山等地，其中又以北山、宝顶山和石篆山雕刻最为精彩。

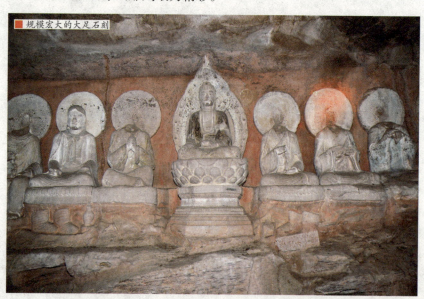

规模宏大的大足石刻

石窟艺术，由唐之盛而衰，南宋已近尾声。而绚丽多姿的大足石刻不同凡响，成为现存不多的我国晚期石窟艺术的杰出代表。

大足石刻群规模之宏大，艺术之精湛，内容之丰富，可与敦煌莫高窟、云冈石窟、龙门石窟、麦积山石窟等中国四大石窟齐名。

北山摩崖造像位于大足县城北2千米处，开凿于892年，历经五代、两宋，相继在佛湾、营盘坡、观音坡、北塔寺、佛耳岩等处造像近万躯。北山石刻以佛湾造像最为集中。在长300多米、高7米的崖壁上，其中有记载北山造像由来的"韦君靖碑"，宋刻的二十二章"古文孝经碑"，蔡京书写的"赵懿简公神道碑"等碑碣6通；题记和造像记55则；经幢8座；阴刻"文殊师利问病图"一幅；石刻造像共254龛窟。

佛湾分为南北两段。南段多为晚唐、五代时期的作品；北段则多为两宋时期的作品。晚唐时期的造像作品，端庄丰满，气质浑厚，线条简朴、流畅；五代的作品，精巧玲珑，多姿多彩；两宋的石窟作品，人物个性鲜明，衣着华丽，民族形式已日臻成熟。

北山造像中125龛和113龛的数珠手观音和水月观音为北山石刻之冠。

数珠手观音，为一尊宋代造像，高1.08米，赤脚

■ 大足石刻的观音造像

敦煌莫高窟 俗称千佛洞，坐落在河西走廊西端的敦煌，以精美的壁画和塑像闻名于世。始建于十六国的前秦时期，历经十六国、北朝、隋、唐、五代、西夏、元等历代的兴建，形成巨大的规模。现有洞窟492个，壁画4.5万平方米，泥质彩塑2415尊，是世界上现存规模最大、内容最丰富的佛教圣地。

■ 北山佛湾水月观音

碑碣 古人把长方形的刻石叫"碑"。把圆首形的或形在方圆之间，上小下大的刻石，叫"碣"。秦始皇刻石纪功，大开树立碑碣的风气。东汉以来，碑碣渐多，有碑颂、碑记，又有墓碑，用以纪事颂德，碑的形制也有了一定的格式，后世碑碣名称往往混用。

立于莲花上。这是一位古典美人形象，她身材苗条，腰肢袅娜。双眼脉脉含情，似乎在等待，又好像陷入某种愉快的回忆或幸福的遐想。她那玲珑的唇角，绽露出纯洁无邪的神情。温润的春风拂乱她身上的披帛，在静态中加强动感，使人看去更见风韵，难怪世人称她为"媚态观音"。

水月观音，其造型为坐式，她身体微侧，一臂支撑于座上，另一臂搭于屈起的膝上，正悠然地观看水中之月。水是美的，月是美的，她的姿态更美。若不是佛冠、飞带，简直就是一位生活中妙龄女郎的再现。

除这两尊外，北山佛湾的136号转轮经藏窟也比较有特点，造像体态端庄优美，比例匀称，人物各具性格。高坐在威猛的青狮背上的文殊菩萨，显得精力充沛而又略带有自负的神情；具有东方女性美特征的普贤菩萨，趺坐在大象的背上，温柔慈祥、典雅娴静。

韦君靖碑记载有晚唐社会的情况、韦君靖建寨和雕像的原因等内容，是考证北山石刻的重要资料，也具有补唐史的重要价值。赵懿简公神道碑系宋代四大书法家之一的蔡京所书，为书法艺术之珍品。古文孝经碑共有6幅，被称之为"寰宇间仅此一刻"。这些碑碣、造像记对历史地理、宗教信仰、石窟断代分期、历史人物等的研究皆具较高价值。

宝顶山摩崖造像位于大足县城东北约15千米处，以大佛湾为中心。

大佛湾状若马蹄，全长500米。全部造像精心规划，宛如一幅巨型画卷。号称"世界第四大卧佛"的《释迦涅槃图》就在这里。这尊卧佛作半身处理，双脚似乎伸进南岩中，使卧佛虽形半身，却有全身之

053

地域之魂

特色拾英

■ 宝顶山摩崖造像

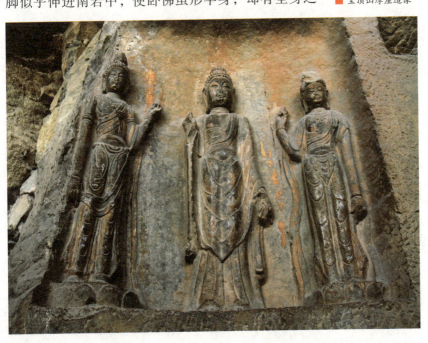

千手观音

千手观音 又称千手千眼观世音、千眼千臂观世音等。是阿弥陀佛的左协侍，与阿弥陀佛、阿弥陀佛的右协侍大势至菩萨合称为"西方三圣"。据佛教典籍记载，千手观音菩萨的千手表示遍护众生，千眼则表示遍观世间。唐代以后，千手观音像在我国许多寺观中渐渐作为主像被供奉。

妙。这种意到笔不到的表现效果，正富于传统艺术的含蓄美。

有趣的是，卧佛顶的水池中，还刻有一双两米长的足印，传说这是佛去西天留下的最后足印，亦是大足县名之由来。

大佛湾造像刻于东、南、北三面崖壁上，依次刻护法神像、六道轮回图、广大宝楼阁、华严三圣、千手观音、佛传故事、释迦涅槃圣迹图、九龙浴太子、孔雀明王经变相、毗卢洞、父母恩重经变相、雷音图、大方便佛报恩经变相、观无量寿佛经变相、六耗图、地狱变相、柳本尊行化图、十大明王、牧牛图、圆觉洞、柳本尊正觉像等。全部造像图文并茂，无一龛重复。

千手观音龛镌刻于大佛湾南崖东头的岩壁上，刻手1007只，纵横交错，富于变化，画面如同孔雀开屏一般，金碧辉煌、富丽多姿，是国内仅有的一尊。华严三圣像高7米，菩萨手托千斤石塔，历经多年而不坠毁，可见其建造时力学运用之高妙。

宝顶圆觉洞，在大佛湾的南岩，以设计周密及雕刻精美而著称于世。洞顶的上方开天窗用以采光，洞口开有两道。洞顶的泉水引入洞中后经壁间的小沟流入龙口吐出，再注入暗沟流出洞外。

洞的正壁刻有3尊佛像，主佛前有一尊跪菩萨，俯首合十，显得十分的恭敬虔诚。左右壁为十二圆觉菩萨，跌坐莲台，美丽庄严，姿态不一。壁间雕刻楼台亭阁、人物鸟兽、花草树木、幽泉怪石，与写实作品十分相近，是大佛湾雕刻的精华之作。

大佛湾大都为密宗造像，大部分雕刻具有浓郁的现实生活气息和特有的巴乡情趣，为宋代石窟造像代表作之一。

石篆山位于大足县城龙岗街道西南25千米处的三驱镇佛惠村，海拔444.6米。造像崖面长约130米，高约3米至8米。

石篆山摩崖造像为典型的释、道、儒"三教"合一造像区，在石窟中罕见。其中，第六号为孔子及十哲龛，正壁刻我国大思想家、儒家创

圆觉洞菩萨问经造像

始人孔子坐像，两侧壁刻孔子最著名的10大弟子。这

■ 石门山道士造像

佛龛 供奉佛像、神位等的小阁子，一般为木制。龛原指掘凿岩崖为空，以安置佛像之所。现今各大佛教遗迹中，如印度之阿旃陀塔，爱罗拉，我国云冈、龙门等石窟，四壁皆穿凿众佛菩萨之龛室。后世转为以石或木，作成橱子形，并设门扉，供奉佛像，称为佛龛。此外，亦有奉置开山祖师像。

在石窟造像中，实属凤毛麟角。第七号为三身佛龛。第8号为老君龛，正中凿我国道教创始人老子坐像，左右各立7尊真人、法师像。据造像记知，以上3龛造像均为大庄园主严逊出资开凿，同为当时著名雕刻匠师文惟简等雕造。

石门山位于大足县城龙岗街道东20千米处的石马镇新胜村，海拔374.1米。刻像崖面全长71.8米，崖高3.4米至5米，其中有造像12龛窟。此外，尚存造像记20件，碑碣、题刻8件，培修记8件及文惟一、文居道、蹇忠进等工匠师镌名。

石门山摩崖造像也为佛教、道教合一造像区，尤以道教造像最具特色。如第二号玉皇大帝龛外的千里眼像，眼如铜铃，似能目及千里；顺风耳面貌丑怪，张耳作细听状。二像肌肉丰健，筋脉显露，手法夸张。

第七号独脚五通大帝，左脚独立于一风火轮上，广额深目，口阔唇厚，袍带飞扬，有来去如风之势。

第十号三皇洞现存造像35身，儒雅清秀，衣纹折叠舒展，手法写实，"人味"多于"神味"。

第十二号东岳大帝宝忏变相龛刻像98身，以东岳大帝、淑明皇后居中，反映出公元10世纪至13世纪东岳世家在道教神系中的突出地位。

佛教题材主要有药师佛龛、水月观音龛、释迦佛龛、十圣观音窟、孔雀明王经变窟、诃利帝母龛等。其中尤以第六号十圣观音窟最为精美。

十圣观音刻于南宋。窟高3.02米，宽3.50米，深5.79米。正壁刻西方三圣，左右壁各刻5尊观音立像，各有名称题刻。窟口两侧有善财、龙女，窟门外左右

玉皇大帝 全称"昊天金阙无上至尊自然妙有弥罗至真玉皇上帝"，又称"昊天通明宫玉皇大帝""玄穹高上玉皇大帝"，居住在玉清宫。在中华文化中，玉皇大帝被视为众神之王，除统领天、地、人三界内外神灵之外，还管理宇宙万物的兴隆衰败、吉凶祸福。

■ 大足石刻

大足石刻的佛像

壁刻四大天王。此窟内容是《千手千眼大悲心陀罗尼经》的部分变现，所以称"观音变"。

巴渝石窟十圣观音的题材很少，大足石刻除石门山外，还有规模稍小的妙高山第4号"十圣观音"。石门山"十圣观音"当为这一题材的代表作。

大足石刻以其规模宏大、雕刻精美、题材多样、内涵丰富和保存完整而著称于世。它集中国佛教、道教、儒家"三教"造像艺术的精华，以鲜明的民族化和生活化特色，成为中国石窟艺术中一颗璀璨的明珠。它以大量的实物形象和文字史料，从不同侧面展示了9世纪末至13世纪中叶中国石刻艺术的风格和民间宗教信仰的发展变化，对中国石刻艺术的创新与发展做出了重要贡献，具有前代石窟不可替代的历史、艺术和科学价值。

阅读链接

宝顶大佛湾处有川东古刹圣寿寺，创建于南宋。庙宇巍峨，雕梁满目，坐落于山势峻秀、环境幽雅的林木之中。寺侧南岩为万岁楼，这是一座造型别致的二层飞檐翘角楼阁。

宝顶石刻由号称"第六代祖师传密印"的赵智凤于公元1174年至1252年间（南宋淳熙至淳佑年间），历时70余年，有总体构思组织开凿而成，是一座造像近万尊的大型佛教密宗道场。

圣寿寺依山构筑，雄伟壮观。南宋赵智凤创建，后遭元、明兵燹，明、清两度重修。现存山门、天王殿、帝释殿、大雄殿、三世佛殿、燃灯殿和维摩殿七重殿宇，为清代重建。

缙云山中的八大寺庙

缙云山，雄峙重庆市北碚区嘉陵江温塘峡畔，是7000万年前"燕山运动"造就的"背斜"山岭，古名巴山。山间白云缭绕，似雾非雾，似烟非烟，气象万千。早晚霞云，姹紫嫣红，五彩缤纷。古人称"赤多白少"为"缙"，故名缙云山。素有"川东小峨眉"之称。

云雾缭绕的缙云山

■ 历史悠久的缙云寺

李渊（566年—635年），字叔德，祖籍陇西成纪，唐朝开国皇帝，杰出的政治家和战略家。在位期间，颁布均田制；对税捐也做了调节，减轻了受田农民的负担；废弃了隋炀帝的许多苛政，颁布了武德律。李渊对唐朝的措施，为唐太宗"贞观之治"打下了非常重要的基础。

缙云山从北到南有朝日峰、香炉峰、狮子峰、聚云峰、猿啸峰、莲花峰、宝塔峰、玉尖峰、夕照峰9峰横亘，其中玉尖峰最高，海拔1050米。

缙云山是具有1500多年历史的佛教圣地，山中先后建有缙云寺、白云寺、大隐寺、石华寺、复兴寺、转龙寺、绍隆寺、温泉寺等。

缙云寺在狮子峰和聚云峰前，为我国唯一的迦叶古佛道场。始建于423年，后曾受到历代帝王封赐。618年，唐高祖李渊曾亲笔题名"禅真宫"；847年，因山有相思岩、相思竹、相思鸟之故，唐宣宗赐寺额为"相思寺"。

874年，定济和尚重建寺庙，971年慧欢禅师主持修葺殿宇。998年，宋真宗将宋太宗读过的240卷梵经送到这里，供奉在寺中。1007年，即宋景德四年，宋真宗赐名"崇胜寺"。1407年，明成祖皇帝敕谕"缙云胜境"；1462年，明英宗皇帝又赐名"崇教寺"；1602

年，明神宗皇帝下令改为缙云寺，赐题"迦叶道场"。

明末清初，寺毁于火灾。传说是因为当时寺内和尚，横行四邻，当地老百姓恨之入骨，趁张献忠入川时，聚众上山一把火把寺烧毁。1683年，即清康熙二十二年，破空和尚主持修复。

缙云寺前，有座石照壁，是青石浮雕，高4米，宽4米。石照壁正中为芭蕉麒麟图，左右各有菱花图案，其下面为青狮、白象浮雕。整个图案古朴雅致。

石照壁之上、缙云寺山门前，有座巍巍的石牌坊。这座明代石牌坊高6米，宽5米，由青石砌成。其上雕有鸟兽等图案加以修饰，顶部有浮雕青石装点。坊正面上层嵌有"圣旨"2字，落款为"大明二年十月二十九日"；下层为"迦叶道场"的四字额匾，是1602年明神宗朱翊钧御笔。

牌坊背面上层嵌"敕谕"2字，下层为"缙云胜境"，是1407年明成祖朱棣所书。坊前有一对石雕青

麒麟 是我国古籍中记载的一种神兽，与凤、龟、龙共称为"四灵"，是神的坐骑。古人把麒麟当作仁兽，雄性称麒，雌性称麟。麒麟因其深厚的文化内涵，在我国传统民俗礼仪中，被制成各种饰物和摆件用于佩戴和安置家中，有祈福和安佑的用意。

061

地域之魂

特色拾英

■ 缙云寺牌坊

巴山风情

巴渝文化特色与形态

■ 和尚坐禅场景

进香 在道教和佛教中，把向神或佛烧香称为进香。这是对诸佛菩萨，还有众天神的重要供养方式。所进的香分两种，一种是实体的香，另一种是心香，就是修炼的决心。

少林寺 是我国久负盛名的佛教寺院，声誉显赫的禅宗祖庭，少林功夫的发祥地，位于登封市西12千米处的嵩山五乳峰下。建于495年，是孝文帝为安顿印度高僧跋陀而建，因其建于嵩山少室密林之中，故定名"少林寺"。

狮，高1.7米，两旁分列，虎视眈眈。

缙云寺的主体建筑有天王殿和迦叶殿。大殿里供奉的佛像不是本师释迦牟尼佛，而是迦叶古佛。大殿里的迦叶古佛，立于1683年，高约2米，左为大梵天，代表欲界法相；右为帝释天，代表色界法相，都是清代塑像。上面的匾额也是清朝时期所造，上书"昙花蔼瑞"。

大隐寺地处杉木园，是缙云山上诸梵宇最宏大的寺庙。关于大隐寺还有一个传说：

相传在明末年间，一个被少林寺驱赶出寺外号叫秃头豹的和尚，来到缙云山上，霸占了大隐寺和缙云山上的森林、田地。他不守寺规，仗武逞强，欺压山民，不仅附近几十里内的贫苦百姓遭受欺凌，就是绅粮富商也不得安宁。

明崇祯十七年（1644年），八大王张献忠率领农民起义军攻进重庆府。缙云山周围百姓闻讯后，向张献忠哭诉秃头豹称霸一方、鱼肉乡民的苦情。

张献忠听后，调兵3000，派少林寺的主持大智和尚前去除害。大智和尚为了减轻伤亡、心生妙计，率领义军扮成各路乡绅，前去大隐寺进香。

秃头豹一见，好不高兴，赶紧集合全寺僧徒，列队迎候。此时天色已晚，进香人点燃手中香烛，跨进寺院，大智和尚问道："长老，可还认识我吗？"

秃头豹一听声音很熟，仔细打量对方，猛然认出他是少林寺的大智师兄，方觉事态有诈。便大吼徒弟们，准备家伙，但为时已晚，香客们已将寺庙引燃，只听众声呐喊："奉八大王之命，前来捉拿恶僧秃头豹，为百姓除害！"

秃头豹被大智和尚缠住，无法脱身，眼看自己苦心经营的大隐寺在大火中垮塌，便纵身跳进火海……大智和尚下令将大隐寺的几十进殿宇全部烧毁，整整燃烧了半月。从此，缙云山民不再受恶僧欺负了。

■ 明代复兴寺

创建于明代的复兴寺，以前是一座规模宏大的寺庙，和尚成百，香火旺盛，而后衰败，仅存破殿一间。对此，也有一个传说：

复兴寺原来的山门并不在现在的位置。一天，长老和尚发现寺前长出两株婷婷玉立、婀娜多姿的红豆杉，便想将山门从树中间通过，这两株树一左一右，正好成为风水树。于是，他召集了许多善男信女及工匠艺人，重修山门。

然而，长老和尚吝啬，款待极差，工匠等怨气十足，因而决定报复长老和尚，想出一个破坏寺庙风水的办法，在修建石梯时，将石梯用公母扣榫接头，以喻男女之事。后来，寺内和尚多不安分，伤风败俗之事时有发生，天长日久，寺庙声誉极坏，香火冷落，从此寺庙就衰败了。复兴寺衰败的传说虽是如此，但原寺庙山门前的石梯，确是公母扣榫，至今仍令人费解。

绍隆寺，也叫"绍龙观"，位于北温泉后山幽谷之中。绍隆寺创建于1485年，清雍正和道光年间先后两次重修。寺分3殿，飞檐翘角，雕梁画栋，殿柱为合抱乌木所造。内有石造佛两尊，身高丈余，雕刻精细，为明代遗存。泥佛10尊，造型精美，塑于1862年。

阅读链接

缙云山香炉峰的香炉石，传说是轩辕皇帝在缙云山合药时宴请群仙的一个酒壶，其上层盛酒，下层烧炭火。孙悟空大闹天宫后，返回花果山，"齐天大圣"被玉帝免除，因而轩辕皇帝也就不再宴请他了。

一日，轩辕皇帝又大宴群仙，缙云猿猴将这个消息报告了孙悟空。孙悟空盛怒之下，来到缙云山，将轩辕皇帝的大酒壶翻过来，倒立在缙云山上，酒流出来变成了温泉水。轩辕皇帝敢怒而不敢言，只好将酒壶改成香炉立在山上。从此，缙云山就有了香炉石，也就有了香炉峰。

巴渝地区的丛林名刹

佛教自东汉时期传入巴蜀地区，至隋唐，佛教在巴渝地区已经很兴盛了；至明清，佛教寺庙、古刹分布在巴渝名山和乡镇。其中，梁平双桂堂、华岩寺、罗汉寺、潼南大佛寺、荣昌宝城寺、铜梁铁佛寺、江津大佛寺等为巴渝丛林名刹。

▇双桂堂正殿

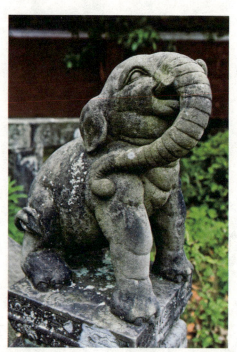

■ 双桂堂石像

巴山风情

巴渝文化特色与形态

禅宗 我国汉传佛教主导宗派，始于菩提达摩，盛于六祖惠能，中晚唐之后成为汉传佛教的主流，也是汉传佛教最主要的象征之一。禅宗又名佛心宗。教外别传。即便是把佛教分为九乘佛法的宁玛派对此宗也不甚了解，特别是南宗。若依宁玛派之分别，把禅宗算上，禅宗即是第十乘。摄持一切乘。

双桂堂位于重庆市梁平县县城西南13千米处的金带镇万竹山。双桂堂被尊为"西南佛教禅宗祖庭"，在我国及东南亚佛教界都具有重要地位，历经350多年，气象恢宏，香火鼎盛，世谓之"西南丛林之首""第一禅林""宗门巨擘"。

双桂堂之所以是"堂"，而不以"寺""庙"命名，只因这里系西南禅宗之"大学堂"，"教"出一批方丈与住持。双桂堂创始人破山和尚一生培育弟子100余人。后来，这些弟子分赴四川、云南、贵州、陕西等省市甚至东南亚地区，中兴了许多毁于战乱的寺院，成为西南汉传佛教的主体，故有"云贵川禅宗祖庭"之称，并尊其为"堂"。

双桂堂，初名福国寺，因有古老桂花树二株，故名双桂堂。又因寺被古竹环绕，又取名万竹山。1860年，建舍利殿时，破土得一条金带，因此又名金带寺，但双桂堂名仍在沿用。

民间传说，双桂堂这两棵桂树是月宫中的嫦娥亲手培养，嫦娥借观音的净瓶水为之浇灌，遣神燕去天河衔来肥泥为之壅土，用王母娘娘的云剪为之修整，在嫦娥的精心护理下，这两株桂树枝繁叶茂，生机勃勃，在一个中秋之夜，嫦娥将它们送往人间。这两棵桂树带着满枝的清香落在宁波天童寺院内。密云法师将这两棵桂树交给弟子破山，让他带回蜀中，兴建佛寺，传播佛法，并称桂树生根之处就是你安身之地。

破山禅师尊师命，身背桂树，跋涉了几个月，进入蜀中。一日，他落脚在万竹山。半夜里，山间霞光四射，钟鼓齐鸣，四周的村民闻声而至，只见破山和尚正在打坐参禅，他所背两株桂树已落地生根，清香四溢。从此，破山和尚就在双桂落地之处建立禅院，并取名"双桂堂"。

双桂堂创建以后，得到清朝历代皇帝的支持，连续不断地修建了200多年，历经破山、竹禅等七代祖师累世修建七殿、八堂、八院，占地80000平方米。到清代末年，双桂堂以它宏大的规模、庄严的殿堂、丰富的藏经、独特的雕塑被列为"蜀中丛林之首"。

嫦娥 本作姮娥，因西汉时为避汉文帝刘恒的讳而改称嫦娥，又作常娥，是我国神话人物、大羿之妻。据说因偷食大羿自西王母处所盗得的不死药而奔月。在道教中，嫦娥为月神，又称太阴星君，尊称为月宫黄华素曜元精圣后太阴元君，或称月宫太阴皇君孝道明王，作女神像。

■ 双桂堂大雄宝殿

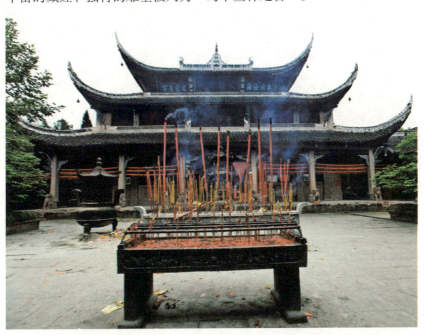

■ 华岩寺大佛

天井 四面有房屋、三面有房屋另一面有围墙或两面有房屋另两面有围墙时中间的空地。一般为单进或多进房中前后正间中，两边为厢房包围，宽与正间同，进深与厢房等长，地面用青砖嵌铺的空地，因面积较小，光线为高屋围堵显得较暗，状如深井，故名。不同于院子。

双桂堂寺院坐东朝西，殿堂为木石结构，有大山门、弥勒殿、大雄宝殿、戒堂、破山塔、大悲殿、藏经楼七重建筑。两侧有厢房、僧舍300余间，长廊相连，有天井、海观42口，玲珑古雅，周围有白莲池、后缘池、花园等景观点缀，使整个寺院环境清幽，好似人间仙境。

大雄宝殿是双桂堂最宏伟的建筑，为3层宫殿式建筑，底楼有石雕狮、象，中层高悬名人题刻，三楼有龙凤浮雕，屋脊正中是雕花宝顶，连脊通高16米，直插云霄。大殿扩建于光绪年间，历5年建成。支撑大殿的52根石柱，柱长10米，直径1米，每根重达10000千克，全凭人力从百里之外运来。

双桂堂历经沧桑，保存文物237件，其中有名人字画61件，佛像110尊，其他佛教文物66件。寺内珍贵的文物有：清雍正皇帝御赐的《藏经》1部，天聋、地哑、铜锣、铜鼓4种，圣旨石刻1块。另有11世纪用梵文写的《贝叶经》106页，其他佛经7000多册。

华岩寺位于九龙坡区华岩乡大老山，因寺南侧有华岩洞而得名。历史悠久，传说始建于唐宋，经历代扩建而成。据志书记载：明清两代均有重大修复，保持为明清风格。

华岩寺岩高百丈，形状像笏，寺内外松竹修茂，十分幽邃。华岩寺分大寺、小寺。大寺殿堂建筑系传统庭园式砖木结构建筑群；分为前、中、后三殿堂，即大雄宝殿、圣可祖师堂和观音堂；寺左侧为接引殿；大雄宝殿内的十六尊者木浮雕，为寺院所少见，寺内珍藏有印度玉佛及铜、玉、石、木、泥雕像及大金塔模型等。小寺即华岩洞，与大寺隔湖相望，为华岩寺之祖庙。

罗汉寺位于渝中罗汉寺街，始建于北宋治平年间，原名治平寺。寺因罗汉洞而建。1752年，因前殿坍圮，改建龙神祠。后又称罗汉寺、古佛岩。清朝末年，隆法和尚重修庙宇，并仿新都宝光寺建罗汉堂，泥塑500阿罗汉，方改名罗汉寺。

全寺佛殿为4幢，呈长方形结构，建筑整齐，所用

■ 重庆罗汉寺

069

地域之魂

特色拾英

■ 罗汉寺造像

彩绘 在我国自古有之，被称为丹青。其常用于我国传统建筑上绘制的装饰画。我国建筑彩绘的运用和发明可以追溯到2000多年前的春秋时代。它自隋唐期间开始大范围运用，到了清朝进入鼎盛时期，清朝的建筑物大部分都覆盖了精美复杂的彩绘。

材料全是木石结构；殿阁楼院，造型优美，宏伟壮丽；门窗檐卷，以及柱、梁、枋、藻井，彩绘精制成飞禽走兽、花卉鳞毛，栩栩如生。

整个庙宇的布局，系参考南充大林寺结构和规模，楼阁重叠，殿堂深邃，屋脊高耸，飞檐凌空，更衬以参天古柏，高大竹树，显得十分雄伟庄严。

天王殿的四大天王，高数米，各持琵琶宝剑，手绕一蛇、持伞及银鼠。怒目直视，金涂彩缀，光怪陆离，使人见而生敬畏。

弥勒殿的布袋和尚，坦腹大肚。

罗汉殿里的500尊罗汉像有500种姿态，有的肥胖，有的枯瘦，有的圆面，有的顾长，有的白皙，有的苍黄；有的笑容可掬，有的瞠目结舌，有若高歌，有若长啸，有若凝神注思，有若厉声呼喊；有若仰观天文，有若俯察地观；有怒眼圆睁者，有瞑目参禅者；有若侧耳静听者，有若闻言欲辩者；有长眉若带者，有短须虬髯者；有击木鱼诵经者，有肩负禅杖者，有手执拂尘者；有脚踏芦苇者，有默数念珠者……或坐或立或卧或倚，甚至连衣褶条纹都清晰分明，无一重复。

五百罗汉，包罗了所有的笑貌，所有之动作，所有之表情，真实自然，却不恶不丑。其中犹以疯僧济癫和尚更为逼真，头戴斜插式合掌帽，身穿补破僧衣，脚穿空前绝后天梁僧鞋，一双醉眼，左手提把酒壶，右手拿柄蒲扇，眼目传神。还有一尊者，左手执镜，右手撕开慈善眼的老脸皮成一条缝，露出的却是一眉清目秀的少年脸蛋，这是最有深味的一尊了。

潼南大佛寺位于重庆市潼南县城西1千米的定明山下。创于唐咸通年间，初名"定名院"，又名"南

木鱼 打击乐器。原为佛教"梵吹"的伴奏乐器。呈团鱼形，腹部中空，头部正中开口，尾部盘绕，其状昂首缩尾，背部呈斜坡形，两侧呈三角形，底部椭圆；木制槌，槌头橄榄形。在明清时期，木鱼已经用于宫廷音乐、昆曲以及民间音乐的演奏。

■ 潼南大佛寺

巴山风情

巴渝文化特色与形态

■ 大佛寺佛龛

禅寺"。后因宋朝在寺内依山凿一大佛,改称"大佛寺"。明朝在大雕像之上覆盖七重飞阁以蔽风雨。

潼南大佛寺有大佛阁、观音殿、玉皇殿、鉴亭4座木结构古建筑,多系清末遗物。玉皇殿和大佛殿之间的观音殿,建于宋元年间,后重建,内塑千手观音。据说,观音列于佛祖右侧,是潼南大佛寺有别于其他寺院丛林的地方。

大佛殿又称大像阁,这座七檐佛阁是潼南大佛寺的核心建筑。始建时为五檐,尽用琉璃覆盖,灿烂辉煌,是我国最早使用全琉璃顶的古建筑之一。后经历代维修,明朝时改建为七檐。而如此高大的古建筑,所有梁、檩、柱、枋之交接处,据说没用一铁一钉。

大像殿内,是依崖而凿的一尊释迦牟尼佛坐像,头饰螺髻,方面大耳,慈眉祥目,脸颊丰满,依山面江,赤足端坐,周身贴金,光彩熠熠。因此这尊大佛俗称"八丈金仙",它是我国第一大金佛。

这尊释迦牟尼坐像高18.43米,胸围8.35米,结跏趺坐,袒胸,套双领外衣,左手置于膝间,右手平胸,施无畏印,佛身各部分比例匀称,衣纹流畅,形态逼真，体态庄严肃穆，双目炯炯传神，气势尤为雄伟。

据碑记所载，潼南大佛寺的大佛，身、首的开凿年代相距甚远。佛首凿于860年，成于880年。而佛身的开凿竟跨越五代及北宋，时间长达250多年，直到1126年始初成。

此后，按佛首比例展开佛身，又用了26年的时间，最后于1151年才完全凿成。整座佛像开凿前后共历时290多年。

大佛凿就后，为了给佛像饰金，又进一步对佛像加工细磨，该寺僧人法修还远赴泸州，向泸州刺史冯楫化缘。冯楫是一位虔诚的信佛居士，慷慨以俸金用作金饰，还亲自撰文刻碑记事。1152年2月，大佛装銮饰金完成，至此大佛通身贴金。

阅读链接

破山禅师，俗姓蹇，名栋宇，字懒愚，四川大竹人，生于明万历二十五年即1597年。自幼读书勤奋，聪明过人，懂书画，善琴棋。19岁出家，遍游名山，转览佛教经典。万历四十七年即1619年，住湖北黄梅县破头山，参禅3年，深有所悟。后常年在天童寺跟随密云禅师学法。

破山禅师熟谙诗文，精于书画，著有《双桂草》《破山语灵》等传世，所留墨迹也为后人所珍藏。他的诗，以幽默、诙谐见长。如他的《自赞诗》写道："这个川老蜀，浑无奇特处。问禅禅不知，问教教非熟。懒散三十年，人天忽推出。握条短杖藜，打佛兼打祖。"

长江沿岸的人文古迹

　　在长江重庆段沿岸，有许多著名的名胜古迹，如白鹤梁水文石刻、丰都鬼城、忠县石宝寨、云阳张飞庙、奉节白帝城……

　　白鹤梁位于涪陵区城北长江江心，本是川江上的一道长1.6千米左右、宽16米的天然巨型石梁，相传唐时尔朱真人在此修炼，后得道，

涪陵白鹤梁石刻

■ 丰都鬼城

乘鹤仙去，所以得名。白鹤梁只有在每年冬季水枯时，才能露出一条不宽的脊梁。它常年淹于水下，只有待冬春江水枯时才露出水面。

　　白鹤梁上刻有自公元763年的唐广德元年至清末的石刻题记164段，其中水文题记108段。白鹤梁西头，刻有众多令人垂青的石鱼。有一条大石鱼约3米长、1.5米宽、0.5米厚，惟妙惟肖，称"鲤鱼之王"。据记载刻于嘉庆年间，有"石鱼出水兆丰年"之佳话。

　　题刻、图像断续记录了1200余年间72个年份的历史枯水位情况，对研究长江中上游枯水规律、航运以及生产等，均有重大的史料价值。

　　白鹤梁不仅是一座水文资料博物馆，也是一座书法艺术的水下碑林。大部分枯水观测的资料，都出自历代书法家的手中。此外，白鹤梁上还有黄庭坚、朱熹、庞公孙、朱昂、王士祯等历代骚人墨客众多的诗文题刻，篆、隶、行、草皆备，颜、柳、黄、苏

朱熹（1130年—1200年），行五十二，小名沈郎，小字季延，字元晦，号晦庵，晚称晦翁，又称紫阳先生、考亭先生、沧州病叟、云谷老人、逆翁。南宋著名的理学家、思想家、哲学家、教育家、诗人、闽学派的代表人物，世称朱子，是孔子、孟子以来最杰出的弘扬儒学的大师。

■ 石宝寨风光

苏轼（1037年—1101年），字子瞻，号东坡居士。眉州眉山人。与父苏洵、弟苏辙合称"三苏"。其文纵横恣肆，为"唐宋八大家"之一。其诗题材广阔，清新豪健，善用夸张比喻，独具风格，与黄庭坚并称"苏黄"。词开豪放一派，与辛弃疾并称"苏辛"。又工书画。

并呈，有较高的艺术价值，故有"水下石铭"之美誉。

丰都鬼城位于四川盆地东南边缘，境跨长江两岸，地处长江上游；以其作为阴曹地府所在的丰富的鬼文化而斐声古今中外。

丰都县城东北的平都山，是民间传说汉代王方平、阴长生两方士修炼成仙之地，被人们赋予"生死循环""鬼魂投生"的教义。平都山亦渐附会为"阴都"。平都山因苏轼"平都天下古名山"之句改称名山。

名山主殿天子殿建于唐代，历代相沿，内塑大小神像、鬼卒130多尊，天子爷爷、天子娘娘、六曹官员、四大判官、十大阴帅俱全，生死轮回的十八层地狱阴森可怕。

在主殿附近，形成了一个庞大的建筑群体，如报恩殿、大雄殿、玉皇殿等，还有奈何桥、三十三步梯等。从行仪规范和景观信物上，整个名山都缭绕着善有善报、恶有恶报，劝诫世人行善和轮回转世烟云。

石宝寨位于忠县境内长江北岸边，距忠县城45千米。此处临江有一俯高10多丈、陡壁孤峰拔地而起的巨石，相传为女娲补天所遗的一尊五彩石，故称"石宝"。此石形如玉印，又名"玉印山"。明末谭宏起义，据此为寨，"石宝寨"由此而来。

石宝寨原是一座拔地而起四壁如削的孤峰，在康熙年间修了一座小庙蓝若殿，后在山下修了山门，香客们为烧香拜佛，只有登石梯攀铁链而上，十分困难。到嘉庆年间为攀登玉印山上的蓝若殿，人们沿山修了9层亭阁代梯的绝妙方法。后维修时又增修3层，共12层。

石宝寨塔楼倚玉印山修建，依山耸势，飞檐展翼，造型十分奇异。整个建筑由寨门、寨身、阁楼组成，高56米，全系木质结构。寨门为砖石结构，高6米余，上题有瓷嵌"小蓬莱"3字。寨门正反两面，有"五龙捧圣""哪吒闹海"等浮雕，精巧细致，栩栩如生。

寨内有3组雕塑群像，其一为巴蔓子刎首保城的故事，其二为张飞义释严颜的三国故事，其三为巾帼英雄秦良玉的故事。

张飞庙又名张桓侯庙，位于重庆市云阳县城隔江相望的飞凤山麓，系为纪念三国时期蜀汉名将张飞而修建。始建于蜀汉末期，后经宋、元、明、清历代扩建，已有1700多年历史。

据传说，公元221年，张飞阆中被刺，叛将张达、范彊携其头颅投奔东吴，行至云阳，闻说吴蜀讲和，便将其首级抛弃江

■ 石宝寨石碑

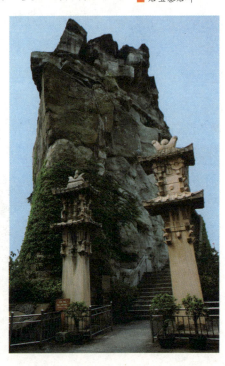

碑刻 是历史上刻在碑上的文字或图样。平山县三汲公社发现的 籀文碑刻，是我国最早的碑刻之一。北朝时期碑刻以北魏和东魏时期为最精，以《张猛龙碑》《敬使君碑》《曹恪碑》为代表作。正定隆兴寺内保存的《恒州刺史鄂国公为国劝造龙藏寺碑》，是我国现存最早的楷书碑刻。

中，为一渔翁捕鱼时打捞上岸，埋葬于飞凤山麓，故有张飞"头在云阳，身在阆中"之说。

张飞庙主要由结义楼、望云轩、正殿、旁殿、助月阁、得月亭和杜鹃亭组成，在庙内有张飞的塑像、画像、石刻像，还存有有关张飞和云阳的历代碑刻、摩崖、木刻等。

白帝城原名子阳城，位于重庆奉节县瞿塘峡口的长江北岸、奉节东白帝山上，是一座历史悠久的古城。

白帝城的名称，最早出现于西汉末年。当王莽篡位时，他手下大将公孙述割据了四川。公孙述在天府之国里，势力渐渐膨胀，野心勃勃，自个儿想当皇帝了。他骑马来到瞿塘峡口，见地势险要，难攻易守，便扩修城垒，屯兵严防。

后来公孙述听说城中有口白鹤井，井中常冒出一股白色的雾气，其形状宛如一条龙，直冲九霄。公孙述故弄玄虚，说这是"白龙出井"，是他日后必然登基成龙的征兆。于是，他在公元25年自称白帝，所建城池取名"白帝城"，此山亦改名"白帝山"。

■ 阆中张飞庙

白帝城庙门

公孙述死后，当地人在山上建庙立公孙述像，称白帝庙。由于公孙述非正统而系僭称，1512年四川巡抚毁公孙述像，祀江神、土神和马援像，改称"三功祠"。1533年，又改祀刘备、诸葛亮像，名"正义祠"，以后又添供关羽、张飞像，遂形成白帝庙内无白帝，而长祀蜀汉人物的格局。

白帝庙内有明良殿、武侯祠、观星亭等明清建筑。明良殿为1533年建，系庙内主要建筑，内有刘备、诸葛亮、关羽、张飞塑像。武侯祠内供诸葛亮祖孙三代像。祠前的观星亭，传说是诸葛亮夜观星象的地方。明良殿和武侯祠左右两侧藏有各代名碑。

阅读链接

关羽败走麦城，死于刀下后，刘备决心为他报仇，起兵讨伐东吴。途中，伐吴先锋张飞丧身叛将范疆、张达手中，刘备愤而不谋，催兵猛进。

221年6月，刘备被东吴大将陆逊用计火烧700里军营，再败于彝陵猇亭之地，因而退守到白帝城中。

三国久未统一，两弟先后丧命，大军新遭重创，国事私仇使刘备忧愤成疾，眼看朝不保夕，乃招诸葛亮星夜赶至。在永安宫中，刘备把儿子刘禅委托于诸葛亮，然后便一命归天了。从此，白帝城就因这段脍炙人口的故事而更加闻名于世了。

风格独特的湖广会馆

  会馆是集楼、阁、堂、馆于一体的多功能的公共建筑。在重庆会馆中，规模最大的湖广会馆位于重庆渝中区东水门正街。整个古建筑群雕栏画栋，雕刻精美，是我国明清时期南方建筑艺术的代表，也是

湖广会馆正门

■ 湖广会馆场景

我国长江以南城市主城区中规模最大的古建筑会馆群，具有较高的建筑价值、文化价值、历史价值和艺术价值。

在明清时期，重庆的商业繁盛，吸引了外地大量商人进入重庆市场，尤其是两广、两湖和山西、陕西、福建、江西、云贵等省的商人。各商帮自乾隆时期就陆续在城里设立会馆。

昔日，重庆城中有著名的"八省会馆"，都具有相当的规模和经济实力，它们是湖广会馆，又名禹王宫，在东水门内；江西会馆，又名万寿宫，在东水门内；广东公所，又名南华宫，在东水门内；陕西会馆，又名三元庙，在朝天门内；福建会馆，又名天后宫，在陕西街；云贵会馆，在绣壁街；山西会馆，在人和湾；同庆公所。

当年的八省会馆中，建筑最宏伟气派的要数财力雄厚的湖广会馆和江西会馆。这两大会馆和相毗邻的

商帮 就是建立在地缘基础上的商人组织，按地域划分，有本帮和客帮之分；按行业划分，又有行帮之分。明清时代先后活跃在商业领域的商帮有：山西商帮、陕西商帮、山东商帮、福建商帮、徽州商帮、洞庭商帮、广东商帮、江右商帮、龙游商帮、宁波商帮。

■ 湖广会馆戏台

歇山式 即歇山顶。为我国古建筑屋顶样式之一，在规格上仅次于庑殿顶。由于其正脊两端到屋檐处中间折断了一次，分为垂脊和戗脊，好像"歇"了一歇，故名歇山顶。宋代称"九脊殿""曹殿"，清代改称，又名"九脊顶"。遗存最早的歇山式建筑是五台山的唐代南禅寺大殿。

广东公所都在商业集中繁华的下半城的东水门内，形成庞大的建筑群，统称为湖广会馆建筑群。

湖广会馆是由早期移民中的湖南、湖北富商、乡绅捐资兴建，始建于清乾隆二十四年即1759年，后经嘉庆、道光和光绪时候三次重修、扩建，总占地面积达8561平方米，坐北朝南，大门面对千帆竞渡的长江。据史料记载，整体建筑依山而建，鳞次栉比，结构严密，气势宏伟，分大辕门、大殿廊房和戏楼庭院3部分。

与北方砖石结构的建筑不同，禹王宫是南方庙宇常见的木结构悬山式小山瓦顶，其中大量使用的是木柱。这些木料都从"楚北运来，投工之多，造工之精，叹为观止"。

大殿为重檐歇山式，面积270平方米，通高12.5米，进深14米，阔16米。殿堂与戏楼相连接，大殿、戏楼雕梁画栋，粉壁彩屏，富丽堂皇。尤其是大殿和戏楼飞檐下的环楼木雕，雕刻着"二十四孝"和《西游记》《封神榜》中的人物故事和山水花鸟，工艺精湛，刻镂逼真，画面层出不穷。

湖广会馆原有13座戏台，是戏台最多的会馆，曾有"戏台九重，台台不见面"的说法。可惜，后多被毁，仅剩一楼一底。

最为壮观和珍贵的是会馆的辕门建筑，大门为仿木结构重檐石牌楼，高6米、阔5米，石雕上山水、人物和花鸟图案，玲珑剔透、千姿百态，工艺十分精巧。大门两侧有一对石雕的文武狮子峙立相望，堪称四川石雕艺术中的珍品。

江西会馆由于当年在重庆的江西富商巨贾多，建筑得十分富丽气派，占地2000多平方米。

江西会馆最富有特色的是会馆内一楼一底的戏楼，设计讲究，金碧辉煌，为单檐歇山式大房顶，房顶均用景德镇窑烧制的黄绿两色琉璃筒瓦，戏台台阶和台口都是景德镇出品彩绘花鸟人物画面的瓷砖嵌铺，戏台台口两边厢房和戏台的飞檐均布满着精刻的木雕，雕刻着山水、人物花鸟的精美图案，雕工精细，造型生动。

悬山式 是我国古代建筑的一种屋顶样式，宋朝时称"不厦两头造"，清朝称"悬山""挑山"，又名"出山"。在古代，悬山顶等级上低于庑殿顶和歇山顶，仅高于硬山顶，只用于民间建筑。悬山建筑可分为大屋脊悬山和卷棚悬山两种。

083

地域之魂
特色拾英

■ 湖广会馆建筑

■ 湖广会馆雕刻

四合院 是我国的一种传统合院式建筑,其格局为一个院子四面建有房屋,通常由正房、东西厢房和倒座房组成,从四面将庭院合围在中间,故名"四合院"。四合院在我国各地有多种类型,其中以北京四合院为典型。

《封神演义》 一般俗称《封神榜》,又名《商周列国全传》《武王伐纣外史》《封神传》,是一部我国古代神魔小说。据说为明代许仲琳所作,约成书于隆庆、万历年间。全书共100回。《封神演义》的原型最早可追溯至南宋的《武王伐纣平话》。

广东公所始建于康熙年间。现存主体结构呈四合院布局。四周高墙耸立,南北长30.5米、东西宽25米。原入口大门为牌楼式,四柱三间五楼。各楼翘角飞檐,楼面房脊、瓦垄、滴水俱全。有二圆形漏窗。门上竖额饰浮雕卷草龙经纬度,上有"广东公所"4个金灿灿的大字,标示整个建筑的隶属关系和性质。

广东公所大门门楣上题刻"南岭观瞻"和两侧门上题刻"岳峙""川渟"。院内以戏楼为中心,三面是耳楼和看厅。戏楼为木结构歇山式淡绿加黄色琉璃瓦顶,戏台高2.8米,台顶是叠涩八角藻井,额枋雕二龙戏珠。

颇为鲜见的是龙身、龙头用了两种不同的艺术加工手法,龙头系圆雕并镂空龙嘴,嘴内含珠可转动,龙身则采用浅浮雕手法制作,纵观龙雕,活灵活现,巧夺天工。

两侧耳楼为观戏楼厢,中为天井,从戏楼过天井至看厅分前全两厅,皆悬山式小青瓦顶,梁架结构为七檩七架梁。

此看厅上雕刻非常丰富,卷棚檐口下四撑拱的镂空戏雕可谓精美绝伦。刻鬼、刻神多是《封神演义》内容，也刻清代官吏办案情节。穿枋、额枋戏雕、成段、成组涉及多个戏目，也刻游龙、瓶花图案等。雕刻至今金光闪闪，是极珍贵的戏曲文物。

两旁看厢分别有两额匾书字，一为"骋怀"、一为"游目"，意即观戏使人胸怀宽广、饱眼福知天下事。该会馆的后殿建筑被损毁。广东公所的规模不太大，但木雕非常精美。

重庆湖广会馆更多继承了徽式建筑的结构特点。在园林造景上多采用江南式园林的手法。固而会馆院落之间反复出现高大的封火墙把空间分割成若干小院落，每个小院落间有小门连接，空间上并不断绝。这使每个院子都有自己独特的功能与对应的风景，假山花草、小桥流水、围廊雕画，都是特有的风貌，完整空间内又包含着独特性，这正是江南园林的特点和徽式建筑的结构特点的结合。

同时，重庆湖广会馆也可以看见重庆地域建筑特色。整座会馆依山势而建，建筑高差有别，错落有致，梯步蜿蜒，各院落中设有天井凉台。这都是传统徽式建筑结构没有的特点。

重庆湖广会馆装饰也有很浓郁的徽式风格。木雕出自皖南木雕一

湖广会馆联嘉会

系。皖南即古代徽州所在，徽州木雕是闻名全国的精品。行云流水般的刻画线条，栩栩如生的人物造型，人、鬼、神、花、鸟、兽，无一不精。

湖广会馆封火墙是很具建筑特色的。它对建筑的层数、高差、进退等问题，都能起到很好的过渡作用，使单调的悬山顶"人"字屋面变得错落有致，曲折流畅。湖广会馆的封火墙除了连续不断的特点外，其造型与地形的结合也很有特色。

齐安公所的封火墙造型是最独特的。封火墙形式繁多，主要有梯形、曲线形、"人"字形、"一"字形。齐安公所的封火墙正是曲线形的拉弓墙，呈圆弧形，配以墙体结构的连续，因此视觉上很像翱翔着的巨龙的背脊，龙脊依山势而下，自然气势非凡。

北方的封火墙是直线的，讲究中规中矩，庄重但缺乏灵气；而南式封火墙如浙江保留的封火墙，都还能体味出灵动的趣味。湖广会馆的封火墙就是属于南式。

阅读链接

在长江、嘉陵江交汇处和沿岸，绽放着一朵独特的乡土建筑奇葩吊脚楼。巴渝先民在特定的自然环境中，巧妙利用"错层、错位、吊层、吊脚、挑层、抬基、贴岩"等建筑手法，创造出层层叠叠、错落有致、别具一格的吊脚楼民居。

吊脚楼是巴渝最富有特色的民居建筑形式，在临江门、千厮门、南纪门、望龙门、十八梯、石桥坡、七星岗、华一坡等坡地，及长江、嘉陵江流域的长寿、涪陵、长寿的某些地区，如酉阳龚滩，石柱西沱镇等地，都有这种建筑形式。

吊脚楼充分利用巴渝地区的杉木、楠竹等廉价建筑材料，在花费不多的情况下，建筑的上下左右，各个楼层悬收自如。阳台凹廊里出外进，屋檐及挑檐互相参差，屋顶的变化形态任意安排，横向组合平面在山势起伏变化下呈现出较强的竖向力度感。

富有特色的巴渝桥梁

  巴渝境内多山、多峡谷，给出行带来了不便。但是，巴渝人依据地形的自然走势，建造了各种类型的桥梁飞跨江河、峡谷。其中，廊桥和石拱桥最富特色。

■涪陵龙门桥桥头

■ 龙门桥全景

廊桥因其能躲避风雨，故民间又习惯称为风雨桥。如涪陵龙门桥、神仙桥、秀山县客寨桥、枷挡河桥。此外，合川思居宋代石桥、万县石拱桥、涪陵安澜桥、石柱县廊桥、南川廊桥，也都很富有特色。

龙门桥位于重庆市涪陵区西22千米的蔺市镇、梨香溪与长江的交汇处。桥东为蔺市镇，桥西为石沱镇，是连接两地的重要通道。

龙门桥始建于1875年，即清光绪元年；由南川县匠人陈永恩负责，民间募捐集资修建，结束于1887年，历时13载。原桥面上还建有3座石坊，后被损毁。龙门桥是涪陵建桥史上最古老的大桥。

龙门桥全长173.5米，宽8.75米，高25米。自东向西各拱跨约为26.3米、28.2米、25.7米，拱矢高约14.5米，桥体采用双圆心的拱券，自桥墩发券；桥墩迎水面做锲形分水尖；背水面做阶梯状；桥体内部加碎石黏土填筑而成。桥面铺砌条石，两侧立石栏板，石栏板根部置排水。桥南侧石栏板上刻有楷书"龙门"，北侧刻有楷书"龙门桥"。南侧桥墩上对称置一雌一雄石雕龙头，北侧则为两条龙尾。桥北还有文武状元雕刻，整块石料雕刻而成，高达3米。

神仙桥为一座富有建筑特色的石拱桥，在涪陵城南龙潭坝的龙潭河上。它横跨在青羊镇青烟洞峡谷中，始建于公元1777年，已有230多年的历史了。

神仙桥之绝妙在于"依山就势"，巧架而成。这座桥有两孔，是利用河流两岸及河中的一个天然石堡为基脚卷拱起来的。

在整个12.9米跨度中，大的一个孔跨度为9.3米，顶高为14米；小的一个跨度为3.6米，顶高为9.4米。两个孔人工重砌的基脚均为7米高，其余为自然石头构成。两端引桥各为15米，顺着山势，落脚山岩，随弯就弯，天然形成。

地域之魂

特色拾英

■ 龙门桥上的石刻

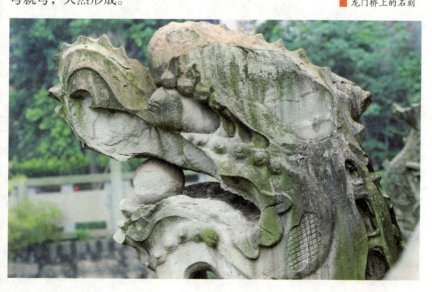

巴山风情

巴渝文化特色与形态

■ 龙门桥一角

廊 是指屋檐下的过道、房屋内的通道或独立有顶的通道。包括回廊和游廊，具有遮阳、防雨、小憩等功能。我国古代建筑中的廊，常配有几何纹样的栏杆、坐凳、美人靠、挂落、彩画；隔墙上常饰以什锦灯窗、漏窗、月洞门、瓶门等各种装饰构件。

桥宽为4.6米，其拱顶平石仅40厘米厚，历经200多载，任凭风吹雨打，安然无恙。

桥面刻有一条鲤鱼，长78厘米。相传石桥竣工"踩桥"时，从河里跳上桥面来一条鲤鱼，于是按原形凿石铭记，至今线雕石鲤还清晰可见，栩栩如生。

桥的拱顶石两侧，塑有高35厘米、宽15厘米的两尊石像。传说头面朝上的一尊，是修桥的掌墨师的化身；头面朝下的一尊，是帮助这位掌墨师选定地址"一月建成"的一位"神仙"的再现。所谓"神仙桥"便由此得名。

神仙桥拱薄似蛋壳，桥墩以两岸及河中天然巨石为之，且河中大石与河床接触面甚小，大有一推即滚之势。然而自此桥落成后，历经多年桀骜不驯的山洪考验，却安然无恙。特别是那弦月斜挂似的小桥，屈曲自然，吻接得当，令人惊叹不已。这充分反映了古代巴渝人民的聪明智慧。

龙凤客寨桥位于秀山县城西25千米处，横跨平江河。始建于元代，历次均有维修，清光绪年间增建五重檐长廊及亭廊，后因风雨剥蚀拆去亭廊，存长廊。

龙凤客寨桥南北走向，形桥楼式六孔石木结构平桥。长58.2米，高8.95米，总跨57米。桥上有木结构三重檐硬山式屋顶的长廊建筑，穿逗式梁架，三穿用七柱，通面阔21间58.2米，通进深6.25米，通高4.55米。桥头为青砖山墙门洞，两头分别有七级和十级踏道，桥西头系客寨村，东头民房。

孝子河，原名水潗溪，又名平滩河，是长江的三级支流，发源于南川县兴隆乡小寨村水碓堡。

相传清代中期，东乡坝出了个孝子，平滩河遂更名为"孝子河"。一个是"傅孝子"的传说：

万盛芋头坝有个傅裁缝，奉母至孝。有一年大旱，饿死了不少人，傅裁缝的老母年迈体弱，奄奄待毙，想吃点肉。天旱年辰，米尚难得，哪还有肉？在老母的不断呻吟声中，傅裁缝从自己的手臂上割下一块肉，煮熟奉母获生。此事感动天庭，因而普降喜雨，稼禾、百

三元桥石刻

■ 三元桥图

状元 就是在封建社会中，科举考试的最高一级选拔出来的或者经皇帝认定的第一名。自古以来，在漫长的中国历史中存在着文治武功。人们已经习惯于一方面"以文教佐天下"也就是教化民众，维护社会太平；另一方面"以武功戡祸乱"也就是保护国家安定、巩固国家政权。一文一武，相得益彰，有文状元和武状元之分。

姓，俱获新生。

还有一个"周孝子"的传说：

万盛场河对岸芭蕉湾有个周孝子，家贫卖苦力为生侍奉老母。每日涉水过河，在上场周家坝码头背运煤、焦、矾土，找一顿吃一顿，家无隔夜之粮。有一天山洪暴发，平滩桥已被淹没，周孝子念母心切，不畏险阻，头顶米袋泅水过河，被激流狂浪冲出数里之外，幸得生还。人们认为老天有眼，因其孝母而得善报。

无论是周孝子还是傅孝子，当地人为纪念其人其事，遂将"平滩河"更名为"孝子河"。

万盛场孝子河上原有座石拱桥，叫平滩桥；靠近万盛场一侧有18步石梯，靠近浸水垭一端有16步石梯，于清道光末期因年久失修而自毁。

1851年，万盛场富商邓九先卖地捐资，动员地方士绅集资修建新桥。在今处建成一座三孔石拱大桥。桥身长53.1米、宽7.5米、高10.4米，桥孔跨度12.8米。

靠万盛场一端有两行并列的石梯25级，靠浸水垭一端有一列长石梯23级，桥面两边有石栏杆，栏杆尽头两端靠石梯处，各有一对石狮子相对望。

左面临河下游的石栏杆中部，有座小巧玲珑的土地庙，内供奉一对笑容可掬的土地公公和土地婆婆坐像。

在浸水垭桥头两旁，共有9块"功德碑"，记载修桥会首、执事和捐款人的姓名、金额及建桥年、月等。

桥身两面，各有3个直径93厘米的石凿圆圈，圈内分别刻有"三元桥"3个大字，每个字间距离8米，桥名"三元"寓乐善好施之家的子弟连中解元、会元、状元"三元及第"之意。

桥拱下面的拱花石上，刻有文字记载的拱卷石15块，中拱卷石刻"夯畚巩固""□□（已风化不清）远昌""咸丰元年"。其余的卷石刻"承办匠士刘远横、彭洪连、周文瓒……"等人姓名。

桥下中孔中心，悬有一柄7尺长、带剑鞘的铁剑，名"斩龙剑"，镇压蛟龙"出蛟"，以免人民遭受"出蛟"的洪水之灾。

后来，为了行车方便，三元桥上的石栏杆、土地庙、石狮子、功德碑全部被拆除。其余尚算完好。

阅读链接

天生桥位于重庆市秀山县城北40千米处的溪口乡五龙村北，始建于清光绪二十九年即1903年。该桥为桥楼式四孔石墩，木梁长亭平桥，呈东南至西北走向，横跨溪口河，长55.65米，宽7.35米，高4.35米，总跨55米。桥上有木结构双重檐硬山式屋顶长亭桥楼，为穿逗式梁架，三穿用四柱，通面阔21间55.65米，通进深3间7.35米，通高8.5米。该桥建筑规模宏大，保存完好，是研究土家族桥梁建筑技术的重要依据。

安澜古桥始建于1851年。该桥东西走向，北依长江，为石结构单孔拱桥。桥长62.4米，宽7.06米，高17.62米，跨度15.62米，拱高13.33米。桥中央外侧有龙头、龙尾，桥头有石象。

巴渝地域的古镇风情

在我国数千年的人类文明史中，形成了许多有价值的古镇。同样，在巴山渝水之间，也有许多有着巴渝文化特色的古镇。

"一条石板路，千年磁器口。" 磁器口古镇位于重庆市沙坪坝

■ 重庆磁器口

区嘉陵江畔，拥有"一江两溪三山四街"的独特地貌。马鞍山踞其中，金碧山蹲其左，凤凰山昂其右，三山遥望，两谷深切。凤凰、清水双溪潆洄并出，嘉陵江由北而奔。

史料记载，磁器口最早的名字叫白岩场，始于宋真宗咸平年间，因为这里曾有一座白岩寺而得名。据说：明建文四年即1402年，建文帝朱允炆被其四叔朱棣篡位，从地道仓皇逃出皇宫后削发为僧，浪迹天涯。当他流落到巴蜀一带时，曾在白岩山上的宝轮寺隐匿长达四五年。后来，世人知道事件真相，就以皇帝真龙天子曾经隐居在此的事实而将宝轮寺改名为龙隐寺。如此这般，白岩场也被改称为龙隐镇。清朝初期，因盛产和转运瓷器，得名瓷器口，因"瓷"和"磁"相通，后定名为磁器口。

磁器口保存着老重庆的建筑风貌、历史文化、民风民俗，是老重庆的缩影。其历经千年不变的纯朴古风赢得了"小重庆"的美誉，是重庆历史文化名城中最重要的传统历史街区。

磁器口历史文化底蕴丰厚，保存有20余处具有较高保护价值的明清四合院；有古朴、粗犷的巴渝遗

■ 龚滩古镇

朱棣（1360年—1424年），明朝第三位皇帝。在位期间，东北设立奴儿干都司、西北设立哈密卫，维护了我国版图的统一与完整；多次派郑和下西洋，编修《永乐大典》，疏浚大运河；迁都北京。诸多措施将靖难之后的疮痍局面发展至经济繁荣、国力强盛的盛世，史称"永乐盛世"。

茶馆 品茗场所。
我国的茶馆由来
已久，据记载两晋
时已有了茶馆。自
古以来，品茗场
所有多种称谓，
茶馆的称呼多见
于长江流域；两
广多称为茶楼；京
津多称为茶亭。此
外，还有茶肆、
茶坊、茶寮、茶
社、茶室、茶屋等
称谓。

风；有佛、道、儒三教并存的九宫十八庙；有依山而建的吊脚楼；有川剧清唱、铁水火龙、古风犹存的老茶馆；有传统手工作坊和享誉四方的毛血旺、千张皮、椒盐花生等"饮食三宝"。

还有"白日里千人拱手，入夜来万盏明灯"的繁华码头；有体现巴渝文化的川东山地民居巴渝民居馆、钟家院等古建筑院落与石板老街及水码头……

龚滩古镇坐落于乌江与阿蓬江交汇处的乌江东岸，是一座具有1700多年历史的古镇。

龚滩古镇青石板街青幽如玉，串连全镇，150余堵别具一格的封火墙、200多个古朴幽静的四合院、50多座形态各异的吊脚楼、独具地方特色，是国内保存完好且颇具规模的明清建筑群，被誉为建筑艺术史上的奇葩。

涞滩古镇其实应该叫涞滩古寨，位于合川区，三面

■ 双江古镇

悬崖峭壁，具有"一夫当关，万夫莫开"的险要之势。

涞滩古镇历史悠久，宋代时就已初成场镇规模，古镇滨临渠江，自然风光优美，明清民居高低错落，老街小巷古朴典雅，清代修筑的瓮城保存完好，重庆仅有。

涞滩古镇分上场与下场，其间相隔咫尺，形似兄妹，一高一低，一上一下，一刚一柔，互为照应。上场坐落在雄视渠江的鹫峰山上，其势巍峨，颇具阳刚之壮美，寨墙高筑，如龙盘虎踞于山势之间。

涞滩寨占地0.25平方千米，4座城门呈"十"字对称，寨墙全部是半米多长的条石砌成，墙高7米，宽2.5米，别具古味特色。

涞滩古寨内还保存着旧时城堡面貌，有狭窄弯曲但尺度适宜的石街小巷，400余间清代民居，错落有致。而木质结构的小青瓦建筑群，基本上保持了明清

■ 江津中山古镇

时代的原始风貌，古朴典雅，给人以返璞归真步入宁静山乡小镇之感。罗氏老豆干、渠江鱼、土鸡是当地有名的特色菜肴。

双江古镇位于潼南县城西北10千米处的涪江南岸。镇内有两条小溪，一条为猴溪，一条叫浮溪，两溪环绕古镇，故名"双江"。

古镇难得清代建筑群橙荫晚香、榕桥拱翠等八大自然景观，恰如幅幅古意苍茫的丹青，装点着古镇，东北西北中5条小街，纵横交错，平屋矮墙，起落有致，展示着古镇的风采。

石柱西沱古镇已有600多年历史，整个场镇从江边垂直向上2500米，直爬到平坦的地势，是长江上唯一全程垂直于等高线的场镇布局，有石梯千步，号称登天云梯，又称为云梯式场镇。云梯长约500米，高差近160米。

江津中山古镇靠水而建，由龙洞、荒中坝、高升桥3条小街连接而成。尚存南宋题刻共82字，记叙李脊用、鱼子仙等泛舟游览一事，境内还有汉代古墓葬枇杷岩墓群。

龙潭古镇位于渝东南武陵山区腹地，面积1.5平方千米，龙潭因伏龙山下两个状如"龙眼"的氽水洞常积水成潭，古镇自"龙眼"之间穿过，形如"龙鼻"，因而得名。龙潭自蜀汉以来，曾相继为"县丞""巡检""州同""县佐"所在地，已有1700余年的历史。

自宋及清600余年的"蛮不出洞，汉不入境"土司统治政策，造就了龙潭这一千年古镇独有的建筑艺术和神奇的民族文化。

大昌古镇藏在巫山山脉的一个平坝里，1700多年前，大昌的先民在此筑城，大宁河、洋溪河在平坝

土司 官名。元代始置。用于封授给西北、西南地区的少数民族部族首领，土司的职位可以世袭，但是袭官需要获得朝廷的批准。元代的土司有宣慰使、宣抚使、安抚使3种武官职务。明代与清代沿置土司，自明代起，增加了土知府、土知州、土知县3种文官职务。

■ 大昌古镇

汇合，冲积了数千亩肥田沃土，盛产稻粮；滔滔的大宁河下连长江，上通陕西镇平、湖北竹溪，在水路交通一统天下、诸侯割据争雄的时代，大昌堪称"咽喉"要地。

綦江县东溪镇原名万寿场，唐高祖设丹溪县，唐太宗改为东溪镇，建镇1300多年，建场2200多年。

明朝成化年间的川黔青石板古道穿场而过，3000余棵枝繁叶茂的黄桷树和明清穿逗结构吊脚楼民居形成"小桥流水人家"的清幽景地，两碑、三宫、三瀑布、四桥、六院、九市让人流连忘返，琵琶古寨、贞节牌坊、太平古渡、摩崖石刻、精妙木雕令人叹为观止，川剧评书、龙灯舞狮、唢呐字画、秧歌腰鼓让人拍手叫绝。

巴渝古镇中的历史性建筑物、构筑物、习俗，记载着当时重庆的历史，在历史价值、文化价值和经济价值等方面有着无法替代的作用。

阅读链接

涞滩古镇的主庙二佛古寺始建于唐，兴盛于宋，分上下两殿。其上殿坐落鹫峰山顶，分3个殿层，气势宏伟，宗教氛围浓厚。中轴线上依次为山门、玉皇殿、大雄宝殿和观音殿。左右分设社仓、禅房等建筑，呈四合院布局，尤其是大雄宝殿，殿堂正中原来的3尊泥塑金身的主佛高5米，栩栩如生，佛光闪烁。两侧泥塑颜身的十八罗汉五光十色，神态各异，活灵活现，让人望而生畏。

大雄宝殿内4根石柱高约13米，由整条巨石制成，挺拔壮观，堪称历代建筑一绝。山门牌坊石刻镂空雕精美绝伦，是难寻的历史文化精品。下殿位于鹫峰山间，是依山建造的两楼一底殿堂檐拱建筑。其摩崖石刻群雕是涞滩古镇人文景观的集中表现，具有深刻的二佛禅宗文化的艺术内涵，集中反映了唐宋时期古代劳动人民的文化艺术结晶。二佛寺下殿最大尊释迦牟尼佛像通高12.5米，依岩镌凿，被称为"蜀中第二佛"。

巴渝地域闭塞，道路坎坷，气候湿热，因此，巴渝人在非物质文化方面带有十分独特的色彩，但随着数次流民迁移和湖广填四川的大移民，促成了巴文化同我国传统中原文化、荆楚文化等多种文化的融合。

在外来文化的影响下，加上数千年的丰厚积淀，巴渝人创造出了较高水平的非物质文化，形成了独具特色的巴渝民俗风情，比如丰富多彩的地方戏剧、曲艺、民间歌舞等，使得巴渝文化更加丰富多姿。

艺术神韵

川江号子和南溪号子

川江号子是川江船工们为统一动作和节奏，由号工领唱，众船工帮腔、合唱的一种一领众和式的民间歌唱形式。川江号子高亢、豪迈而有力，在巴渝劳动号子中最具特色。

巴渝境内，山峦重叠，江河纵横，交通不便，货物流通、客运往

川江号子雕塑

来，皆需木船载客运货，于是柏木帆船成为主要的交通工具，小的船有几个船工，大的有二三十个船工，以至更多。艄翁又称驾长，是一船之主，船行船停，闯滩斗水，该快该慢，众船工皆听艄翁指挥。

■ 龙船号子

在明、清时期，是由艄翁击鼓为号指挥船行，统一扳桡节奏。大约在清朝中期，逐渐兴起了号子，产生了专门的号子头。

日复一日，年复一年，川江纤夫"脚蹬石头手扒沙，风里雨里走天涯"，在负重前行时喊出的一声声号子，成了著名的川江号子，成了数十种类别和数以千计曲目的川江水系音乐文化。

号子头根据江河的水势水性不同，明滩暗礁对行船存在的危险性，根据摇橹扳桡的劳动节奏，编创出一些不同节奏、不同音调、不同情绪的号子，如船行下水或平水时，要唱"莫约号子""桡号子""二流摇橹号子""龙船号子"等，此类号子音调悠扬，节奏不快，适合扳桡的慢动作，也是船工在过滩、礁的紧张劳动后，得以体力精力上的劳逸调剂。

闯滩时，唱"懒大桡号子""起复桡号子""鸡啄米号子"，此类号子音调雄壮激烈，具有强烈的劳动节奏特点，以适应闯滩的行船需要。

鼓 是我国传统的打击乐器，按《礼记·明堂位》的记载，"伊耆氏"之时就已有"土鼓"。至周代，据《周礼·地官司徒》之载，已专门设置了"鼓人"来管理鼓制、击鼓等事。鼓人管理着有各种用途的鼓，如祭祀用的雷鼓、灵鼓，乐队中的晋鼓等。

■ 川江号子

船行上水拉纤时，要唱"大斑鸠号子""幺二三号子""抓抓号子""蔫泡泡号子"，此类号子一般旋律性强，拉纤时船工很累，为缓解紧张情绪、统一脚步和力点集中的需要而形成了音乐特点。

过险滩时，要唱"绞船号子""交加号子"，此类号子以激烈、雄壮的音调为特点。

川江号子的唱词很丰富，往往以沿江的地名、物产、历史、人文景观为题进行编创，具有丰富的知识性。如"川江两岸有名堂"。

号子头编唱号子时，把沿江的滩口尽收于唱词中，过去的老艄翁、号子头因长年行船于长江中，不管水涨水落，沿江的明礁、暗堡，水径流速，牢记于心，积累了丰富的行船知识，保证了行船安全。

川江号子是长江水路运输史上的文化瑰宝，是船工们与险滩恶水搏斗时用热血和汗水凝铸而成的生命之歌，具有传承历史悠久、品类曲目丰富、曲调高亢激越、一领众和和徒歌等特征。它的存在从本质上体现了自古以来川江各流域劳动人民面对险恶的自然环境不屈不挠的抗争精神和粗犷豪迈中不失幽默的性格

苗族 我国的古老民族，曾有"三苗""南蛮""荆蛮""五陵蛮"等称。挑花、刺绣、织锦、蜡染、银饰制作等工艺美术，瑰丽多彩。苗族节日较多，较隆重的节日有过"召龙节""苗年节""牯藏节"等。被称为"歌舞的民族"。

特征。同时，在音乐形式和内容上，其发展也较为完善，具有很高的文化历史价值。

在渝东南土家族、苗族聚居的村寨，可以说是民歌的海洋。黔江区鹅池镇的南溪是闻名的山歌之乡，素有"南溪左右二面坡，男女老少会唱歌"之说。这里，民族文化资源丰富，文化底蕴厚重，特色鲜明。以《大板腔》《九道拐》《三台声》为代表的"南溪山歌"，真是无时不在，无处不有。

南溪号子的雏形是土家族农民在劳动中解乏鼓劲的劳动号子和山歌号子，与薅草锣鼓近似。南溪村地理条件特殊，被险峻群山环抱，山谷狭长幽暗，阻碍了土家族先民的交流和联系，人们只得通过声音来相互传递消息，一声声呐喊在不经意间演变成了南溪村民文化生活中的重要内容，经过千年的丰富发展和传承，从而形成了南溪号子。

在长时期的传唱过程中，南溪号子逐步发展成为一种自成一格的特殊山歌品种，它既不同于周边的川江号子、纤夫号子，也有别于广泛传唱在武陵山区的其他劳动号子和山歌号子。

■南溪号子

在南溪村有着"十对男女九对歌，十首山歌九情歌"的说法。南溪号子的歌词多属即兴创作，无伴奏乐器，多以情歌为主，靠口头传唱得以世代相传，没有文字记录，爱唱山歌的人看到什么或想到什么就唱什么，往往是一首山歌开始由一个人唱，大家喜欢就自然会在人群中传唱。

南溪号子腔调和唱法比较固定。唱腔主要有大板腔、九道拐、三台声、打闹台、南河号、喇叭号等10余种。其基本唱法为一人领喊，2人或3人扮尖声，即喊高音，3人或更多的人喊低音，众人帮腔，从而形成高中低声部互相应和、在山野间悠扬激荡的天籁之声。一首号子多为4句，一句7个字，中间有大量衬词。如：新打船儿下余渡，余渡有个两夫妇，生下幺姑一尺五；六幺妹生下地，团团转转把媒提，幺妹还在娘怀里。

南溪号子的内容涉及土家族历史、地理、民间传说，传达出许多古老的历史文化信息。演唱的特异性，系土家民族音乐文化的遗存，具有吸收优秀传统发展民族音乐的艺术价值。

阅读链接

劳动号子是产生并应用于劳动的民间歌曲，具有协调与指挥劳动的实际功用。在劳动过程中，尤其是集体协作性较强的劳动，为了统一步伐，调节呼吸，释放身体负重的压力，劳动者常常发出吆喝或呼号。这些吆喝、呼号声逐渐被劳动人民美化，发展为歌曲的形式。

劳动号子曲调比较简单，节奏强而有力，有领有合，顿挫分明。内容根据劳动特点随意发挥。劳动号子因各地区生产特点不同，可分许多类型。如沿海地区和水乡渔村，流行渔民号子；城镇的水旱码头，流行搬运号。此外，还有开山号子、爬坡号子、插秧号子、榔头号子、入囤号子、夯号、打桩歌、辘轳歌等多种形式。

韵味悠长的薅草锣鼓

薅草锣鼓，渝黔一带土家人俗称"打闹""打闹歌"，鄂西州一带也有叫"山锣鼓"的，它由薅草劳动形式和田歌艺术形式两部分组成，是土家族的一种伴随劳动生产与音乐相结合的民间艺术形式。

薅草锣鼓表演者

■ 薅草锣鼓

历史上，土家族地区山大人稀，单家独户劳力不足，加上野兽出没，窃食庄稼，伤害人畜。在这种特定的自然条件和劳动环境中，土家族人形成了团结互助、结伴成群、协作生产的劳动方式，并配以锣鼓敲击，既可作为劳作的信息，又可以起到惊吓野兽的作用。久而久之，形成了风格独具的薅草锣鼓。

薅草锣鼓融山歌、民歌和地方戏曲为一体，其音域宽广、浑厚、高亢，加上巨大的锣鼓声，震撼山谷，气势磅礴。

薅草锣鼓的打唱者称"歌牌子"或"歌头"，边打边唱，现编现唱，堪称能人，其打击乐器有鼓、钲、钹、马锣等。"歌牌子"或"歌头"领唱，众接腔合唱，配以锣鼓伴奏。鼓声时轻时重，抑扬有致。锣鼓声热烈响亮，领唱者慷慨激昂，劳动群众的和声波澜起伏，在山谷里久久回荡，原生态韵味悠长。

薅草锣鼓的唱词为五字句、七字句、十字句，一般是单句虚词拖腔，复句押韵，且一韵到底。

薅草锣鼓的唱词均属口头创作，见好夸好，由物及人。对不合正理的、偷奸耍滑的、出工不出力的或调侃，或规劝，或打趣，或逗乐。除即兴之外，有唱秦香莲的，骂陈世美的，说岳飞的，斥秦桧的。《山

戏曲 是包含文学、音乐、舞蹈、美术、武术、杂技以及表演艺术各种因素综合而成的一门传统艺术。是我国汉族特有的民族艺术，历史上也称戏剧。从全国360多个戏曲剧种中脱颖而出的京剧、豫剧、越剧，被人们誉为中国戏曲三鼎甲。是汉族传统文化中的瑰宝。

伯访友》《安安送米》等段子广为流传。

　　薅草锣鼓的乐器，主要由鼓、锣、钹、马锣4件响器组成，鼓手领队，发歌指挥，既指挥唱歌，又指挥生产，号召力很强。也有两人一班，一人挎着鼓，打鼓发歌，一人掌握锣鼓架，架上挂着大、小锣和钹，敲打3件乐器接歌。

　　薅草锣鼓演唱形式灵活，或互相接歌，你叫我接；或一领众和，一人或两人叫，锄草的人一齐接；或锣鼓师傅自打自唱，不拘一格。"唱"和"打"也有不同的配合，若唱时不打，只以锣鼓作间奏，谓之"住鼓听声"；若边打边唱，以锣鼓伴歌，则称之"鼓里藏声"。有的地方还配有唢呐，称为"吹锣鼓"，仅用打击乐器伴奏接腔的称作"盘锣鼓"。

　　锣鼓的演奏方法，种类很多，复杂多变，有快节奏和慢节奏之分。锣鼓点子一般是由慢到快，随着节奏的加快，出现劳动的高潮。一天之内，形成三起三跌，

109

文化之光

艺术神韵

■ 薅草锣鼓

■ 薅草锣鼓

锣 是我国古代濮族人民和壮族先民骆越部族最早使用的乐器之一。是我国传统的打击乐器，在我国民族乐队中占有非常重要的地位。它不仅在民族乐队、民间器乐合奏、各种戏曲、曲艺以及歌舞伴奏中使用，而且也是庆祝集会、赛龙舟、舞狮子、欢庆丰收和劳动竞赛中不可缺少的乐器。

称为"三潮"。特别是在收工之前，要赶劳动进度，锣鼓节奏越来越快，叫作"放擂"。放擂时的劳动场面，土家人自己是用"饿马奔槽"一词来形容的。

锣鼓歌师既要演奏，又要演唱，劳动时间内不能间断，一天下来，其劳动强度，不是一般人能承受得了的。因此口唱要与锣鼓演奏相配合，互相衬托，得以缓冲。一般是，在每一句唱词中，要配以鼓锣，在句尾上，又配以较长时间的锣鼓点子，使锣鼓在演奏中，较歌比重要大。这也是土家"薅草锣鼓"未带"歌"字的原因。

薅草锣鼓的曲牌，种类纷繁。在渝黔一带土家地区，主要有"号子"和"扬歌"等类。其中以"穿号"和"扬歌"为主，其他曲调只在一天中的一定时间内演唱，或在需要转调时演唱。

"穿号子"由两首内容相近的山歌组成，前一首称"梗子"，后一首称"叶子"。演唱时，将"梗子"与"叶子"的词句相互穿插起来，由鼓手和锣手互相和唱。具体穿唱的方式，地域不同，有一定差别。

"穿号子"的种类也很多，从"穿"的方式分，有"大穿""小穿""半穿""满穿"等；从号子的内容分，有"梳头号子""洗脸号子""露水号子""长声号子""传茶号子""喜鹊号子""散号子""花儿娇"等。"扬歌"，包括"九刹""九声""九扬"3种，各又有9个曲牌。

一天中的3个不同时间段，都要唱一次"扬歌"。"扬歌"是薅草锣鼓中的核心曲牌，也是衡量锣鼓歌师水平的曲牌词段。

歌师之间的较劲，一般都在扬歌部分。在唱腔中，普遍都为高腔。这也是劳动歌的一个特点。边劳动边歌唱，低腔低调是无法唱的。

薅草锣鼓的唱词一头一尾有固定的内容，中间多是"薅词"。唱词中往往夹有大量说白快板，每唱完一板，和以锣鼓。按一定程序把各种腔调唱完，从下田唱起，一直唱到收工。歌唱的内容一般是上午唱古人，中午唱花名，下午唱爱情。

曲牌早中晚各不相同，例如上午唱"四声子"：

鼓锤拿一对，打进歌场内，麻布洗脸初相会。

早晨来得早，露水一条河，打湿丝鞋白裹脚。

下午唱"扬歌子"：

吃哒中饭下田来，锣靠鼓

■ 盘锣鼓

曲牌 是传统填词制谱用的曲调调名的统称。俗称"牌子"。古代词曲创作，原是"选词配乐"，后来逐渐将其中动听的曲调筛选保留，依照原词及曲调的格律填制新词，这些被保留的曲调仍多沿用原曲名称。

来鼓靠怀，拜上打鼓匠师傅把翼摆。

二歇下田唱"四声子"：

歇了一会茶，又把歌来发，南腔北调任我拿。

收工唱"回声子"：

日头下了岩，锣鼓腰了台，今天放工早，明天早点来。

曲牌的运用基本上因时而异，但也有穿插进行的，都是高腔，歌唱者为了有间歇的机会，故锣鼓点子很多，其节奏，一天之中有快有慢，叫做"三起三跌"，也有叫"三潮"的，即早中晚三潮，各有由慢到快的节奏。随着节奏的加快，出现劳动的高潮。特别是收工之前，越打越快。薅草锣鼓有它自己独特的锣鼓点子，锣鼓经的念谱也特别，念作"扑薅 扑薅 扑的扑的薅"。

薅草锣鼓的歌词多为一韵到底，而歌词的内容祭祀占一半，娱乐同样也占一半。

阅读链接

薅草锣鼓分为歌头、请神、扬歌、送神4个部分。

歌头通常无固定的形式，既可以循规蹈矩，也可以即时编唱。有的"引子"一开始就唱出了薅草时的热闹蓬勃景象。

请神顺序是固定的，先请"歌爷，歌娘"，再请"五方神灵"、太阳、"土地""八步大神"等，请的神不同，歌词就相应的不同。

扬歌是整个打闹歌的主要部分，也是最为精彩的部分。其唱的歌词既可以是固定的，也可以根据当时的劳动场面而即时编唱，还可以采用盘歌的形式一问一答。吼唱时，歌手可尽情发挥，借以激发薅草人的劳动激情，而有的"扬歌"则唱出了土家人祈求丰收的强烈愿望。

送神部分，唱词不多。送走神灵后，还要唱几句颂祝东家五谷丰登的话。整个打闹歌的过程方才终止，而一天的薅草劳动也到此为止。

婉转悠扬的木洞山歌

　　木洞是重庆东面的一个镇，处于长江黄金水道南岸，历史上是水陆商贸集散地，人杰地灵。凡在春播的插秧时节和金秋水稻的收割季节，人们在重庆市巴南区木洞镇广阔的田野上，即可听见那此起彼伏的一首首高亢、粗犷、清脆、婉转、悠扬的巴渝山歌。这一曲曲山歌，好似一泓清又纯的泉水，浸透着人们的心田，令人心旷神怡，流连忘返。

山歌表演

木洞山歌系重庆市巴南木洞镇民众传唱的山歌歌种，它的渊源可以追溯到上古时代的"巴渝歌舞"，中经战国时代的"下里巴人"、汉代的"巴子讴歌"、唐代的"竹枝词"，直至明清演化形成木洞山歌。据史料记载：早在公元前的战国时期，楚宗王作的《对楚王问》中，就载有以木洞山歌为主体的"巴人歌谣"。

■ 唱山歌的少女

木洞山歌在历史的长河中，在巴渝文化的熏陶下，经过当地群众千百年来在劳动和生活中的不断创造、积累和提炼，形成了一种独特的巴渝山歌文化。

木洞山歌源远流长，劳动人民在生产、农事活动中，以歌声伴随着农事劳动和生活，有被称为庄稼歌或庄稼人的歌的禾籁，包括高腔禾籁、平腔禾籁、矮腔禾籁、花禾籁等。

竹枝词 即"竹枝"。唐代乐府曲名。原是四川东部一种与音乐、舞蹈结合的民歌。唐代刘禹锡被贬夔州时，把民歌变成文人的诗体，对后代影响很大。每首七言四句，形同七绝，语言通俗优美。其后作者颇多。竹枝词有民歌色彩，可用来歌唱，后来用作词牌。

有把生活中的正常现象颠倒演唱，逗乐取笑的神歌；有用对歌形式演唱的盘歌；有在劳动过程中统一节奏、协调动作、鼓舞情绪的劳动号子，包括船工号子、工程号子、搬运号子、作坊号子、农事号子等。

有在民间礼俗和祀典仪式中演唱的民俗歌，包括节气歌、婚嫁歌、丧事歌、修房歌、寿礼歌、香火歌、酒歌等。还有各种小调以及伴随玩龙灯、舞狮子、打莲箫、划彩船、赛龙舟等边舞边唱的舞歌等。

这些种类的山歌中，还包括若干小类。如船歌号子，主要是川江号子，就分为上水号子和下水号子。上水号子包括撑篙号子、扳桡号子、起帆号子，拉纤号子又分为出纤号子、平路号子、上滩号子、近滩号子、鸡啄米号子和收纤号子等；下水号子包括起船号子、扳桡号子、二流橹号子，平水号子、快二流橹号子、幺二三交接号子、见滩号子、冲滩号子、下滩号子、抓抓号子等。

又如婚嫁歌，包括定亲时唱的拒媒歌、陪奁歌、开脸歌、上梳歌、坐堂歌等；迎亲时唱的梳妆歌、上轿歌、起轿歌、报路歌、车马歌、讨封歌等；成亲时唱的喊礼歌、揭盖头歌、交杯酒歌、谢客歌、说席歌、祝酒歌等；入洞房前唱的铺床歌、安家具歌和入洞房后唱的闹房歌、莲箫歌、送客歌、道别歌等。

过去，木洞人民除在生产、生活和民俗活动中演唱山歌外，还举办一些传统聚会，如薅秧歌会、婚嫁歌会、丧葬歌会、闹春歌会、打谷歌会、榨菜歌会、

打莲箫 又名"打铁棍"。表演者手拿一根1米长并装有铜钱的竹棍，用两端均匀而有节奏地敲打身体的脚、腿、手、肩、臂等部位，还可蹲、跑、滚着敲打，也可几人互打，节奏鲜明、悦耳动听，边打边唱，边讲边唱，中间帮腔衬词，唱词内容通俗易懂。

■ 山歌表演

螃蟹歌会、摸鱼歌会、牧牛歌会、童子歌会等。

木洞山歌的曲歌和歌谣已有上千首，其中较为流行的有：薅秧季节唱的"打薅歌"；秋收季节唱的"打谷赛歌"；打渔人家唱的"摸鱼歌会""螃蟹歌会"；放牛牧童唱的"坡上赛歌"；婚礼上唱的"闹房歌会"；等等。这些山歌具有明显的巴渝特色和浓郁淳朴的乡土气息，反映了广大巴渝人民在劳动、生活、爱情中的勤劳、智慧、喜悦、风趣和幽默。

在唱法上形式也多种多样：有独自一人引吭高歌的；有一人领唱多人合唱的；有大伙儿一起齐唱的；还有歌手用食指夹在舌头上发出呜呜的哨声，与另一位歌手的山歌声相合，十分悦耳。这些山歌，犹如一曲曲田园交响乐，音乐性很强，有的每七字句唱到第二节时，一般在第四字处便将声音骤然提高达数分钟之久，随后歌声一浪高过一浪，最后才拖起尾音，余音袅袅。

在山歌形式上，既有一般对歌、盘歌，也有联唱、重唱和山歌剧等，赛歌也由过去的个人赛、擂台赛发展到对抗赛、集体赛等多种形式。

阅读链接

舞狮是我国优秀的传统民间艺术，每逢佳节或隆重庆典，民间都以狮舞来助兴。

相传汉章帝时，西域大月氏国向汉朝进贡了一头金毛雄狮子，使者扬言朝野，若有人能驯服此狮，便继续向汉朝进贡，否则断绝邦交。在大月氏使者走后，汉章帝先后选了3人驯狮，均未成功。

后来金毛雄狮狂性发作，被宫人乱棒打死。宫人为逃避章帝降罪，于是将狮皮剥下，由宫人装扮成金毛狮子，一人逗引起舞。此举不但骗过了大月氏使臣，连汉章帝也信以为真。

此事后来传出汉宫，老百姓认为舞狮子是为国争光、吉祥的象征。于是仿造狮子，表演狮子舞。舞狮从此风靡流行。

独树一帜的巴渝吹打

吹打乐是指吹管乐器与打击乐器合奏的音乐，具有"刚、粗、热"的特征。

在民间流行的吹打乐中，吹的部分除了吹管乐器以外，还常用拉弦和弹弦乐器，因此民间艺人把吹打乐细分为"粗吹锣鼓"和"细吹锣鼓"两种：粗吹锣鼓又称粗十番，指用唢呐、管子等吹管乐器和"大锣大鼓"合奏的形式；细吹锣鼓又称细十番或丝竹锣鼓，指由丝竹乐器和打击乐器合奏的形式。

关于吹打乐的历史可推溯至汉代初年的鼓吹乐。据《乐府诗集》

■ 巴渝吹打雕塑

巴渝吹打乐器

载："鼓吹未知其始也。汉班壹雄朔野而有之矣。"

鼓吹乐是从汉代发展起来的一种以击乐器和吹乐器为主的音乐形式，起源于北方游牧民族。《汉书》中有关于鼓吹乐的早期记载，按应用场合、乐器编配的不同分为黄门鼓吹、骑吹、短箫铙歌、箫鼓4种形式。其中，黄门鼓吹主要为皇帝服务；骑吹主要指外出巡行时用于马上具有骑吹的性质。常用的乐器有鼓、角、笳、排箫、横笛等，其中鼓最重要。

经过一个时期的发展后，鼓吹乐按所用乐器和使用场合的不同演变为鼓吹和横吹两类：鼓吹是指专为仪仗队在行进中使用，以排箫和笳为主要乐器；横吹则以鼓和角为主要乐器，供军中人使用在马上演奏。

李延年的取自西域少数民族音乐创作的《摩诃兜勒》是鼓吹乐中的优秀作品。历代鼓吹乐多有歌词配合。经过漫长的演变，吹打乐从鼓吹乐中脱颖而出。

《汉书》又称《前汉书》，由我国东汉时期的历史学家班固编撰，是我国第一部纪传体断代史。是继《史记》之后我国古代又一部重要史书，与《史记》《后汉书》《三国志》并称为"前四史"。《汉书》包括纪12篇，表8篇，志10篇，传70篇。

在巴渝地区，吹打乐有接龙吹打乐和金桥吹打乐两种形式。

接龙吹打乐系重庆市巴南区接龙镇的民间器乐乐种，至迟在明代末年就已正式形成。经过400多年的传衍，接龙民间吹打已经有了很高的艺术水平。

接龙吹打有吹打乐、锣鼓乐、吹打唱三大类别和丫溪调、下河调、青山调、昆词、教仪调、将军锣鼓、伴舞锣鼓7个品种，拥有乐曲983首。

接龙吹打的曲牌主要有【大号牌】、【朝排】、【将军令】、【水龙吟】、【南锣】、【六幺令】、【风入松】等。

接龙镇吹打乐队使用的乐器，种类繁多，除以唢呐、锣、鼓为主外，另有碰铃、笛、琴、号等，还有二胡、提琴等弦乐器。在乐器中有一支十分罕见珍贵的唢呐，形似大的花瓶宝塔状，其喇叭口的直径就有

唢呐 是我国民族吹管乐器的一种。由波斯传入，在西晋时期的新疆克孜尔石窟寺的壁画中就已经出现了唢呐演奏的绘画。明代后期，唢呐已在戏曲音乐中占有重要地位，用以伴奏唱腔、吹奏过场曲牌。到了清代，被编进宫廷的《回部乐》中。

■ 婚礼吹打乐

■ 巴人故里鼓乐堂

钵 是洗涤或盛放东西的陶制的器具，形状像盆而较小的一种陶制器具，用来盛饭、菜、茶水等。一般泛指僧人所用的食器，有瓦钵、铁钵、木钵等。一钵之量刚够一僧食用，僧人只被允许携带三衣一钵，此钵则为向人乞食之用。

1.1米，是已故民间吹打乐艺术家王文君亲手制作的。

重庆市巴南区接龙镇的民间吹打乐演奏都是有着较长历史渊源的山区乡土风情和传统文化习俗。伴随着社会的发展，根植于广大山民中，不断继承、发掘、创新的民间吹打乐形成了风格各异、色彩鲜明的特点，成为山区农村崛起的民间音乐力量。

巴南区有乐班260余个、乐手近200人，保存有上百年的古老乐器26件，其中4件在200年以上。

曲目丰富、乐班乐手众多、理论研究与艺术实践同步发展的接龙吹打乐在巴渝吹打中独树一帜，颇具特色。

金桥吹打乐是重庆市万盛区金桥镇的民间吹打乐种，它产生于宋元时期，已有700多年历史。

在长时期的传承中，金桥吹打形成了喜庆类、生产生活类、丧事类、民间传说类等类别，有花灯、大曲牌、朝牌、宫堂等曲牌和品打、刁打、散打、干打、夹打、刁散打、竹叶吹奏、口哨等演奏技艺，曲目达1000余首。

金桥吹打主要乐器有唢呐、鼓、锣、钵。其音正节稳、音质纯正、清晰清脆、不含混拖拉，具有音域宽、音量大、力度厚、音色明快、穿透力强等特点。

金桥吹打最显著的特色技巧是清代刘多二创造的"马风声"，经刘汉卿、向义云、向紫钦、翁庆华等五代人200多年的发展，"马风声"技艺日臻成熟。

如演奏《疾马锣》时，领吹者口含唢呐，抬头挺胸，手推唢呐向上，如骏马前蹄腾空，头向上昂扬，如马嘴张开怒嘶；同时，一人敲鼓，两人敲锣，鼓发"得格斗、得格斗"之音，恰似马蹄得得。曲至高潮时，竟有万马狂奔之势，其场面荡人心魄。

"马风派"是金桥民间吹打最显著的艺术特色，在渝南、黔北一带闻名。

阅读链接

刘多二，马头桥村漆匠沟人，大约生于清道光初年，卒于光绪中期，是一个远近闻名的吹打师傅。一天，刘多二率乐班到綦江莲花乡做了两天丧仪回家，途经马鞍山休息。时逢夏末，凉风阵阵，刘多二拿出唢呐乘兴吹奏。谁知哨管坏了，用麦秸修好试吹，发声十分清脆，酷似马叫。刘多二大感惊奇，环顾四周，发现他们正坐在马鞍山的马颈上，灵机一动，当场决定创立一个门派，叫"马风派"。

回家后，刘多二与鼓师刘云池合作，多般摸索，终于演练出一套成熟的"马风派"风格，以唢呐声模拟马嘶声，以鼓声模拟马蹄声。演奏中唢呐高鸣酷似马啸，鼓响"得格斗"犹如马蹄声，曲至高潮，马啸与蹄声共鸣，演示出万马奔腾之势，由此形成名闻遐迩的"马风声"派。

石柱土家啰儿调民歌

重庆市石柱土家族自治县地处武陵山脉与长江交汇地带，在这里孕育、传唱的土家啰儿调，因山歌唱词中有土家方言"啰儿"而得名。其历史悠久，源远流传，与唐代巴渝地区广泛流传的竹枝词一脉相承，被誉为"竹枝词"活化石。

在长时期的传唱中，啰儿调形成了内容丰富多样、曲调简洁多变、乡音乡韵浓郁的独立的民歌歌种，包括生活歌、山歌、情歌、对歌、诙谐歌、号子等类别。

石柱土家族啰儿调旋律简洁，每曲音域都在八度以内，腔中少有装饰，行腔起伏流畅，易于掌握，便于传唱。其调式多为徵、羽、商调式，既有传统曲目，又有即兴歌调。

载歌载舞的土家青年

啰儿调歌词句式大多为七字句，可即兴填词，现场发挥，酣畅淋漓地表达歌者的真情实感。有的歌曲调相同而词不同，颇有"竹枝词"遗风；有的歌词直白通俗，逼真地反映了当地土家人的生活、劳动、民风、民俗、情感和宗教信仰等多方面的内容，比较全面地记录了土家族的礼俗活动、生存状况及民族文化演变过程。

■ 啰儿调民歌表演

啰儿调音韵淳朴而浓郁，特别是啰儿调中大量地运用了"啰儿""啰儿啰""啰"等习惯性方言衬词，使曲子音调与当地土家族方言的四声声调紧密结合，率真地表现了土家人乐观、豁达、睿智、幽默的性格，从而形成独特的风格和韵味。

蜚声海内外的《太阳出来喜洋洋》就是石柱土家族啰儿调民歌的代表作之一，歌词从不同角度写出了打柴生活，即打柴人的精神和情趣，以"太阳出来"

号子 也称劳动号子、哨子，是一种伴随着劳动而歌唱的民间歌曲，流传于我国各地。号子的歌唱方式，主要是"领、合"式，即一人领，众人合；或者众人领，众人合。在节奏较缓的劳动中，"领"句较长，"合"句稍短。而在较为紧张的劳动中，领句、合句都十分短促。

■ 啰儿调唱词

方言 是语言的变体。可分地域方言和社会方言。地域方言是语言因地域方面的差别而形成的变体，是全民语言的不同地域上的分支，是语言发展不平衡性在地域上的反映。社会方言是同一地域的社会成员因为在职业、阶层、年龄、性别、文化教养等方面的社会差异而形成不同的社会变体。

起兴，用"上山岗"点题，其中"嘟嘟扯，匡扯"，是全首歌词的最精彩之笔。因"扯"在四川方言中读作"cāi"，所以实际上是一句仿念锣鼓敲打的象声词，它夹在下句的中间，一是歌者借此给自己的歌声作"伴奏"，二是表现了他此时此刻昂扬兴奋之情。

衬词对于民歌表现力及其风格的作用具有十分重要的意义，但像这首"樵歌"使用这么特殊的衬词，并发挥了这么特殊的艺术表现力，实在是罕见的。

这首歌的曲体为上、下句结构。上句4小节，处于音区的高位置上，下句6小节，先抑后扬，与上句相呼应。

仔细分析，下句前3小节实际上是上句前3小节的下五度变化移位。全曲音域仅五度，篇幅虽然短小，却有层次感，讲究逻辑，富有对比，因此也成为一首在专业舞台上常唱不衰的精品。

啰儿调丰富多彩，或悲苦叙事，或调侃生活；或歌颂勤劳奋发，或追求男女爱情……

如情绪幽幽、爱怨缠绵的《怀胎歌》，从正月唱
到腊月：

正月怀胎正月正（嘛心想那情哥哟喂），

奴家怀胎不知音（嘛扯啰儿啰扯）；

水上那个浮萍（嗨是嗨），

还没有生根（呢哥嘛啰儿啰）。

……

腊月怀胎腊月腊（嘛心想那情哥哟喂），

背起娃娃走娘家（嘛扯啰儿啰扯）；

背起我的娃娃（嗨是嗨），

讨个大打发（呢哥嘛啰儿啰）。

有简洁明快、乐观风趣的《扯谎歌》：

太阳落土又落坡，听我唱首扯谎歌，

扯起茅草三大抱，捆起太阳往上拖。

■ 啰儿调民歌

石柱土家歌舞表演

巴山风情

巴渝文化特色与形态

半天云里按磨子，推得月亮打罗嗦，

白云高处架炉灶，抓把石子下油锅。

......

有风流情歌《小情郎》；有诙谐直白的《幺妹长成人》：

幺妹长成人（啰杨二哥），

爹妈不放心（啰）寸长点点脚，

大墙院里就你我两个，

紧关门（啰）看你啷个说。

有即兴发挥、插科打诨的《对门大嫂肥又肥》《岩上砍柴岩脚
梭》；有风趣撩人的《清早起来去劈菜》：

清早起来把床下，丈夫扯住要说话，

把你龟子看难打，早的阵子在干啥？

清早起来去劈菜，两个蚱蜢在作怪，

放下筲箕菜不劈，两个回去就做怪。

......

　　有配合默契、铿锵有力的《抬工号子——小手郎》；有生动形象、带有全程劳动记叙性质的《打夯号子》。其中，传统曲目，口传身授，历经打磨，已成型成套，其曲目内容文词有致，别有情趣，例如《栀子花儿开》：

栀子花儿顺墙栽，这朵花儿靠墙开；

栀子花儿春夏开，这朵花儿香墙外。

......

　　石柱土家"啰儿调"，忠实地记载着当地的民风民俗，同时，也催化演进着民风民俗，它是一部当地土家人历史发展和社会进程的活的教科书，具有珍贵的民族音乐文化传承价值。

阅读链接

　　在土家人的生活中，生子添女亲朋好友前来贺喜，叫作吃祝米酒；筵席结束后，俩亲家母头戴草帽，脸上抹些锅咪，手里拿着蒲扇或扫把对唱、对跳，相互祝福、打情卖俏、送情送爱，就是这样一唱一跳，把整个祝米宴会推向高潮。乡民们称之为打"花鼓子"，也有人叫它喜花鼓或花鼓戏。

　　喜花鼓调有很多种，其中有《闹五更》《黄四姐》《探男歌》《货郎歌》《螃蟹歌》《单身汉歌》《青蛙歌》《结婚歌》《十送》《十绣》《十爱》《十写》《十想》《瑶族长鼓舞》《猜字歌》等。《黄四姐》就是祝米宴上的传统节目。

粗犷豪放的巴山背二歌

巴中地处山区，从前交通闭塞，山里需要运出和运进的货物全靠人力背运。人们把这背运货物的人称"背老二"或"背二哥"。"背二哥"们在那深山沟、大山里辛勤地劳动，十分艰苦，什么蛇倒退、鬼

"背二歌"

■ "背二歌"雕塑

见愁，走在那种路上只准前行，不准后退，只要后退就可能掉下崖去。而且因为山里的野兽很多，背夫不成群结队就可能被野兽袭击、吃掉。所以很自然地结合成一个背二哥队伍。

羊肠小道难行，像米仓古道的栈道，它是前人用錾子打的一个脚印，只能放一只脚在里面走，加上中午肚子又饿了，太阳又热，山上只有那个懒蝉子在叫唤，什么声音都没有了。在这种情况下，背二哥精疲力尽，老"背二哥"杵子一打起，要想吃他那热馒头，就要慢慢往上爬。吼几句山歌，大家情绪就来了，"巴山背二歌"就在这种环境下产生了。

"巴山背二歌"表现形态多为一人领唱众人和或众人齐唱。其歌词多用赋、比、兴手法，生动形象传神，所表达的意境往往只可意会不可言传，妙不可言；其旋律清新流畅，唱腔高亢明亮，风格粗犷豪

赋 是以"铺采摛文，体物写志"为手段，以"颂美"和"讽喻"为目的的一种有韵文体。它多用铺陈叙事的手法，赋必须押韵，这是赋区别于其他文体的一个主要特征。起于战国，盛于两汉。《阿房宫赋》即为佳作之一。

■ "背二歌"形式多种多样

巴山风情

巴渝文化特色与形态

民歌 我国民歌有着悠久的传统。《诗经》是我国第一部诗歌总集。其中的《国风》便是当时北方15个地区的民歌。公元前4世纪出现的《楚辞》，其中就有楚国民歌歌词。而汉魏六朝的乐府民歌、相和歌，又进一步继承和发展了以上二者的优良传统。唐元明清，更是产生了数量相当多的优秀民歌。

放，极具地域特色。

背二歌唱词以七言格律体为主，多用赋、比、兴的表现手法；衬词常用实词，调式为徵调式，曲式结构为上下两个乐句的单段体，没有构成起、承、转、合，属天高腔山歌，唱腔高亢悠扬，风格粗犷豪放，结束时为长吁短叹的一声甩腔，极具地域特色。

巴山背二歌的语言诙谐、风趣，均为即兴创作，多用双关语来表达人们的内心世界。"巴山背二歌"的歌词大都为二二三结构的七言格律诗，其写作手法多用赋、比、兴。如：

弯弯背架像条船，情哥背铁又背盐；
鸡叫三道就起身，太阳落坡才团圆。

"巴山背二歌"的衬词除了常用虚词外，还有像巴山其他民歌的衬词一样用实词作衬词，这是"巴山背二歌"最大特色之一。如果背二哥们歌唱自己的生活，其衬词往往只有"贤友儿""情兄儿"等，这类衬词指背二哥们相互打招呼；如果唱情歌，其衬词则为"贤妹儿""情妹儿"或"情哥儿"。

"巴山背二歌"的调式全都是民族五声调式中的徵调式；其曲式结构为上下两个乐句的单段体；其唱腔高亢悠扬，能翻山越岭、穿云钻雾，结束时都有长气短叹的一声甩腔"耶-嘿"。

"巴山背二歌"在曲牌上有很多种，具体上南江唱的背二歌、通江唱的背二歌曲牌又有所不同。但它整个音乐旋律的大框架都属于大巴山的风格。它只是有些微小的差异，但是背二歌的歌词各地又是不同的，比如，这个巴山背二哥将要走累了，为了想消除疲劳，就唱情歌。比如背二哥走累了，一杵打起，看到河里有个姑娘，他要逗这个小媳妇，他马上打杵就唱：

河里涨水沙浪沙，妹过跳凳眼发花，你是哪家的大小姐，要不要我来把你拉。

这个女人马上就回答：

对门哥哥你莫来拉，我是蜜蜂扑过的花，我已开花结过果，

131

文化之光

艺术神韵

■ "背二歌"表演

你莫在我身上想办法。

大家一笑，力量就恢复了。

相比青海的花儿、陕西的情歌、信天游，大巴山的"背二歌"唱词非常丰富，也是最美的。很多唱词是没法去改动的。比如说：

下蛋鸡母脸儿红，娟妇婆娘大不同，走路好似风摆柳，一对眼睛像灯笼。

■ 巴山"背二歌"

还有一首：

清早起来去爬坡，露水荞儿笑呵呵；
我问荞儿笑啥子，就笑昨晚你两个……

作为一种山歌，"巴山背二歌"生动地反映了背二哥的生活状况，劳动场景和内心世界。其表现形式主要是背运途中打杵歇气时演唱，往往是一人领唱众人帮合。有歌颂勤劳勇敢、劳苦艰辛内容的背二歌；有歌唱背运工具，歌唱劳动的背二歌；有反映为消除疲劳而专唱风流歌为内容的背二歌，等等。如：

高高的大巴山，离天只有三尺三；
要想翻越巴山顶，只有背二哥的铁脚杆。

信天游 是流传在我国西北广大地区的一种民歌形式。其歌词是以七字格二二三式为基本句格式的上下句变文体，以浪漫主义的比兴手法见长。形式自由灵活，每两句为一小节，押韵；调子自由，单纯易唱；每段常转韵，多用比兴叠字和衬字。

背上千斤翻巴山，铁打腰杆都压弯；

打双赤脚路难走，七十二道脚不干。

又如：

拐扒子儿二尺小，上坡下坡离不得它；

过河踩水探探浅，亲生儿子不如它。

巴山背二歌中，歌唱爱情的内容极为丰富。这与背二哥沉重背运的艰辛有关，他们用情歌来消除劳动中的疲劳。正像背二歌中所唱的：

一天不唱那东西，天上太阳不偏西。

"巴山背二歌"是巴山人精神文化的一种体现，是研究巴人历史的依据，是承载巴山风土人情、生活习俗的载体，具有独特的艺术价值。

阅读链接

巴山为四川盆地、汉中盆地的界山。属褶皱山。东端为主峰神农架和巫山，西边为摩天岭，北以汉江谷地为界。山峰大部分海拔2千米以上，因石灰岩分布广泛，喀斯特地貌发育，有峰丛、地下河、槽谷等，还有古冰川遗迹。

大巴山主峰传说有野人出没，诱惑许多科学家去探索。举世闻名的大巴山主峰神农架地处鄂西北边陲，北顾武当，南镇三峡，西望陕渝，东瞰荆襄。

神农架有许多神奇的地质奇观。在红花乡境内有一条潮水河，河水一日三涌，早中晚各涨潮一次，每次持续半小时。涨潮时，水色因季节而不同，干旱之季，水色混浊，梅雨之季，水色碧清。

誉为奇葩的梁山灯戏

梁平县，原名梁山县，位于重庆市东北部，地处四川盆地东部平行峡谷区，素有"四面青山下，蜀东鱼米乡，千家竹叶翠，百里柚花香"之美誉。

梁平县历史悠久、底蕴深厚，拥有梁山三绝，其中梁山灯戏便是其中之一，被誉为"川东奇葩"。

■ 梁山灯戏表演

梁山灯戏，是梁平县的地方小戏，被誉为"艺苑奇葩"，是我国的稀有剧种之一。因女角由男性扮演，俗称"包头"，所以本地人也叫它"包头戏"；也被叫作"端公戏""胖筒筒调"，或"梁山调"。

梁山灯戏将本地民间文学、民间歌舞、民间音乐、民间美术、民间杂耍的精华融为一体，形成了自己的风格和特色。它同时具备了梁山农民口头文学的风采，民歌、薅秧歌的音律，花灯、车车灯的舞姿，年画、兰花印布的美术效果，以及民间杂耍的技巧，是表现巴渝民间风情的综合艺术。

■ 梁山灯戏演员

梁山灯戏，起源于梁平民间灯班的"玩灯"和"秧歌戏"，综合了"玩灯"的舞蹈动作与"秧歌戏"的说唱表演形式。清代中期是梁山灯戏发展的鼎盛时期。有竹枝词云：

唱灯随处是歌楼，曲子无腔易转喉。
传说官班明日扰，开场先看小包头。

当时，梁山灯戏遍及城乡，逐渐向周围传播，渗入湖南花鼓戏、湖北提琴戏、江西及广东的采茶戏、赣鄂皖三省的文曲戏、贵州的阳戏、云南巧家花灯戏

采茶戏 是流行于江南和岭南的一种戏曲类别，种类繁多，各地特色鲜明。这种戏，尤以江西较为普遍，剧种也多。如江西采茶戏的剧种，即有赣南采茶戏、抚州采茶戏、南昌采茶戏、高安采茶戏、武宁采茶戏、赣东采茶戏、吉安采茶戏、景德镇采茶戏和宁都采茶戏等。

和四川各地的灯戏等几十个戏曲剧种，形成了一个"梁山调腔系"，旋律优美简洁，易于传唱，并渗透到湖南花鼓灯、江西采茶戏等地方剧种的音乐中。

梁山灯戏逐渐成熟成型，在音乐、舞蹈、表演等方面形成了较为稳定、独特的艺术风格。

梁山灯戏唱腔由"胖筒筒之灯弦腔""神歌之高腔""小调之时曲"3类组成，灯弦腔比较独特，系梁平特产。胖筒筒腔之灯弦腔的原胚，是秧歌戏的骨干腔调。乐器主要为二胡、笛子、唢呐、锣鼓等民间乐器。

梁山灯戏不局限于戏曲"手眼身法步"五功，它有自身的表演特色，特别好动，即"嬉笑闹""扭拽跳"。

这种好动又不同于轻歌曼舞，而是热烈、放纵、甚至粗野。尤其是女角，她在台上不知疲倦地扭动、

教坊 古代管理宫廷音乐的官署，唐代开始设置，专管雅乐以外的音乐、歌唱、舞蹈、百戏的教习、排练、演出等事务。教坊是唐代宫廷乐伎聚居之地。教坊乐伎大多是女子，演出歌舞和乐曲，为皇家宫廷服务。

■ 梁山灯戏表演

拽动和跳动。这和其嬉、笑、闹的表演特色浑然一体。

在众多的传统梁山灯戏里，除了极少数的悲剧人物外，哪怕是庄重威严的神仙、帝王，也一反常态迎合"嬉笑闹、扭拽跳"。正所谓："一堂歌舞一堂星，灯有戏文戏有灯；庭前庭后灯弦调，满座捧腹妙趣生。"

梁山灯戏多用丑角，有"十灯九丑，无丑不成灯"之说。人物脸谱变形夸张，丑得可笑可爱，与"扭拽跳""嬉笑闹"达成和谐，有强烈的视觉效果。

丑角又称"三花脸"。桃子形脸谱以朱红加黑白外圈，在鼻梁和眼眶处涂成桃子状，因桃子象征寿和喜，此类人物多为性格开朗、"丑"得可爱的角色。眼窝形脸谱在两只眼窝处涂白色眼镜状，外围用黑色勾画线条，给人以滑稽无赖之感，多见于无赖之徒的角色。豆腐干形脸谱在鼻梁与双眼结合处涂白方块，专用于调皮奸诈懒惰的无耻之徒。

角色夸张剧烈的动作，和充满喜剧色彩的脸谱，使梁山灯戏具足强烈的视觉冲击。

梁山灯戏的唱词，主要来源于梁山竹枝词。梁山竹枝词系唐代教坊曲名，具有语言通俗音调轻快的特点，内容上多咏当地风土人情和儿女柔情，为文人墨客所喜爱，竞相效仿，最后形成了梁山灯戏戏曲唱词的表现形式。

梁山灯戏均采用民众性题材。梁山灯戏的演编者，早期都是又种庄稼又演戏的农民，他们都善于编演自己熟悉的山乡风情、田园牧歌、家庭趣事、民间逸闻。剧中人物多是村姑、农夫、樵夫、侍从帮工、小手艺人，以及算命瞎子、懒汉浪子、和尚乞丐等地地道道的"下里巴人"。

梁山灯戏的剧目较为丰富，总数在200个左右，最具代表性的有《吃糠剪发》《送京娘》《湘子度妻》《请长年》等，这些剧目大都改编自民间戏曲或民间故事。

梁山灯戏有其独特的舞美艺术。除开逢节日盛会的戏楼演唱，在平常的家户表演中，条件好的家庭，就用木板或方桌搭成临时戏台，观众三面围观，另一面则挂着"挡子"。

挡子用本地产的蓝底白花门帘或铺盖连成。戏台上除开挡子，别无他物。挡子图案质朴、整洁、清晰、明快，充满梁山乡土生活气息，与梁山灯戏的表演特色互相映衬，给人以亲切感。在舞台中心上端，悬挂着一幅夸张醒目的菱形或扇型梁山年画，衬托点缀剧情。

这种点缀性、象征性的舞台美术设计，简洁而独具梁山民间艺术风格，无论舞台空间大小，或是城市乡村，都可适用。

阅读链接

梁平年画曾被誉为"天府之国"三大年画之一。梁平年画起源于清初，已有300多年历史。它用浪漫主义手法，大胆的艺术提炼，以驱邪纳福、喜庆吉祥、历史故事等为题材，造型独特、精美，人物形象生动活泼，机智幽默，充满强烈的乡土气息，技术上具备了动画、剪纸和漫画的效果，其画面饱满简洁，造型古朴粗犷，神态生动，构图完整，对比强烈，从视觉上给人以强烈的形式美，作为套色木刻版画，具有极高的艺术价值，以及丰富的人文内涵，久看不厌。

梁平锣鼓"十八癞子"

梁平癞子锣鼓是梁平县境内流传的一种民间器乐。在梁平，有"蜀人朝山，锣鼓喧天"之说。

梁平锣鼓是具有巴渝文化特色的民间艺术，与梁山灯戏、梁平年

■ 梁平癞子锣鼓

■ 舞台上的梁平锣鼓

画、梁山竹帘争奇斗艳，具有独特的艺术魅力。

梁平癞子锣鼓历史悠久、源远流长。据清代该县文人蓝逸清的《竹枝词》记载：

锣鼓梁山最有名，迎春赛事一齐行；

归来笑向儿童问，今日是输还是赢。

可见，梁平癞子锣鼓在明清之际就已广为流传。据传说，梁山癞子锣鼓起源于唐朝。相传，一日，皇帝无事，找来身边随从打锣。由于缺一人打马锣，得知狱中有一人可用，皇帝就差人到监狱中找来。此人聪明能干、刻苦好学，马锣打得很好。皇帝十分高兴，就把他留在身边的锣鼓班子里，常年习练锣鼓。

由于这个人是狱中犯人，与常人有别，皇帝就给他立了一条规矩：凡打锣时，他一人不能坐只能站着

堂屋 是旧式民居的起居活动空间，一般设计在房屋中间，又称"客堂"。古时，堂屋正中最里常设神龛和祖先神位。墙壁上常挂中堂画，中堂两侧有对联。所以堂屋也是举行家庭祭祀和重大礼仪的场所。

打。所以，马锣也叫"站场"。后世延续，凡打马锣者都须站立而不得入座。后人为了表示对皇帝和锣鼓创始人的崇拜和敬仰之情，凡在农家院舍打锣鼓，都必须在堂屋打，尽管经过数代的传承，这种习惯却始终都不曾改变。

全国各地锣鼓流派甚多，但梁山癫子锣鼓不同于其他派别，它风格特殊，独具一格。

梁山锣鼓是以"十八癫子"的锣鼓引子为代表，主要有"老癫子""花癫子""鸳鸯癫子""刁癫子""干癫子""重葫芦""南山网"等。其中十八癫子的主要曲目有《老癫子》《佬癫子》《花癫子》等。

在"十八癫子"的基础上，后发展、演变成上百种锣鼓引子，有"金银花""红绣鞋""上天梯""半边月""王小伙""四木匠""战灵芝""比二武""水螃蟹""双蝴蝶""双点灯""龙抱柱""龙摆尾""闹龙宫""反三得""幺三得""艳灯蛾"等。

尽管梁山锣鼓受家族传承方式的影响，相邻各地

鸳鸯　又名乌仁哈钦、官鸭、匹鸟、邓木鸟，是经常出现在我国古代文学作品和神话传说中的鸟类。鸳指雄鸟，鸯指雌鸟。我国古代最早是把鸳鸯比作兄弟的，后以鸳鸯比作夫妻，最早出自唐代诗人卢照邻《长安古意》中"愿做鸳鸯不羡仙"。

■ 梁平锣鼓雕塑

域的锣鼓引子的打法都各具特色，但"十八癫子"在梁平境内的锣鼓班子同时演奏时，都能做到天衣无缝、规范统一。

何为"十八癫子"？因梁山癫子锣鼓创始人的绰号叫"癫子"，他创建的锣鼓主要特点是，由不同的18个段子组合成一个完整的锣鼓引子，后人称之为"十八癫子"。

■ 锣鼓表演用的铜镲

巴山风情

巴渝文化特色与形态

镲 是由钹派生而来的一种乐器。相传在宋人所绘《番王按乐图》中，有其为胡人舞蹈伴奏形象，可知年代已久。又称水镲、小水镲、镲锅，流行于全国各地。镲属于我国民乐中的打击乐器，主要有大镲和小镲，它是由两个圆形的铜片互相撞击发声的，通常与锣、鼓一起组成锣鼓队进行演奏。

梁山锣鼓"十八癫子"由不同的3个段子组成为一组，共6个组，每个组必有马锣开头的段子、钹开头的段子和大锣开头的段子。

梁山锣鼓共有6种乐器，分别为二鼓、马锣、钹、大锣、钩锣、镲子。

二鼓在一场锣鼓中起骨干指挥，发送锣鼓点子，掌握节奏快慢、轻重的作用。在锣鼓引子中念："咚嗊"。声音干脆利落、铿锵有力。

马锣一般作锣鼓引子的开头及润色的作用。在锣鼓引子中念："喽"。声音清新明亮、颇具韵味。

钹在一场锣鼓中起骨干、分解、壮力的作用，多用于后半拍。在锣鼓引子中念："丑"。声音沉着、稳健。

大锣掌握一堂锣鼓的音韵起翘，音色音量的协调，节奏的快慢。在锣鼓引子中念："凼"。声音洪亮、宽广、圆润。在使用过程中和钹同时击打念："壮"，击打锣的边缘时念："厂"。

钩锣在锣鼓引子中念："乃"。声音、甜润、细丽，在使用过程中和镲子同时击打念："才"。

镲子在一场锣鼓中起板韵作用，在锣鼓引子中念："尺"。声音明亮、洒脱。

梁山锣鼓6种乐器，分别由5人组合参与，其中打马锣者兼打钩锣。在运用过程中，6种乐器根据锣鼓引子的不同，各施其责，各站其位，打击出清脆明亮、悦耳动听的锣鼓段子来。

梁山锣鼓距今已有1000余年历史，它是梁山巴人祖辈们勤劳和智慧的结晶，是当时人们不可缺少的精神食粮和主要文化娱乐活动方式。梁山癫子锣鼓风格独到，乡土气息浓厚，颇具民族特色，具有较强的艺术感染力，是中华民族不可多得的文化瑰宝。

阅读链接

梁平竹帘，又称梁山竹帘，是"竹帘画"的一种。梁平竹帘制作工艺已逾千年历史。据史料记载，早在北宋年间，就被列为皇家贡品，饮誉天下，素有"天下第一帘"之称。明代，四川梁山人就在粗线竹帘上直接用漆绘上各种吉祥图案供室内外悬挂。清代，画家方炳南开始运用传统的国画技法，在细丝竹帘上画出山水、花鸟、人物等画，也可以写上书法作品，并成为陈设，又做成多种样式，如中堂、琴挑、斗方、横幅、四条屏、屏风画等。

梁平竹帘采用当地盛产的慈竹为原料，运用传统工艺，并结合书画、刺绣、植绒等多种表现手法，制作出各种形式的挂帘、屏风、装饰画及实用工艺品。它色泽典雅、工艺精细，具有浓郁的地方特色和自然风韵。

多姿多彩的秀山花灯

秀山花灯，又称跳花灯、耍花灯、花灯戏，是一种古老的民间歌舞说唱艺术。在重庆市秀山土家族苗族自治县，遍及境内各村寨、城镇，其中尤以隘口、清溪、兰桥、平凯、迎凤、涌洞、海洋、溶溪、峨溶、玉屏等地最为盛行。

秀山花灯雕塑

秀山花灯，是我国西南地区花灯艺术中的一支重要流派，是集宗教、民俗、歌舞、杂技、纸扎艺术为一体的民间文化现象和民间表演艺术，是我国宝贵的民族民间音乐文化遗产。

秀山花灯起源于唐宋，元代借鉴"跳团团"的载歌载舞、连说带唱的形式，明代又融入采茶戏的一些歌舞表演形式，始有"花灯"之称。后

■ 民间泥塑看花灯

来，又发展为搭花台、花灯单边戏和花灯剧。

秀山花灯戏演出很注重舞蹈，花灯舞蹈的基本动律特征是"崴"，有"无崴不成灯"的说法。是否"崴得团"，也就是说腰、胯的扭动幅度是否大，是否灵活协调、体态自然。而尤为重要的是体态自然，脚形不绷不勾，自然抬起，悠出；手的姿态要随脚步自然摆动，像柳条飘舞，故"崴步"的手式叫"风摆柳"。

崴步是花灯"舞步"的基础。"崴"时，腰、胯的扭动要配合膝盖左右屈伸，胯的扭动要大一些。

除此"崴步"，还有"等点步""正崴""反崴""踩踩步""斜跨送扇""螺蛳转背"等崴步动作。这些动作中腰的动态又要突出一些。

秀山花灯的各种"崴步"往往同一定的人物性格对应，如"正崴"的朴实大方，"女反崴"的抒情悠然，"大反崴"的矫健挺拔，"男小反崴"的明快活

纸扎 在民间又称糊纸、扎纸、扎纸马、扎罩子等，是将扎制、贴糊、剪纸、泥塑、彩绘等技艺融为一体的民间艺术。我国的纸扎艺术最初起源于丧俗。以竹、木为骨架，以线团缚部位，糊彩纸以装饰。

■ 舞花灯剪纸

凤 凤凰的简称。是我国古代传说中的百鸟之王，与龙同为汉族民族图腾。凤凰与麒麟一样是雌雄统称，雄为"凤"，雌为"凰"，总称为"凤凰"，常用来象征祥瑞。凤凰的起源约在新石器时代，原始社会彩陶上的很多鸟纹是凤凰的雏形。

泼，"蹀蹀步"的柔韧舒展，"小崴"的轻松活泼，"大颠步"的泼辣稳健等。

在"崴步"之外，舞蹈身段也是独具特色的，其中有"转步"和"跳步"。"转步"有"崴掖步转""盖扇反花转""雪花盖顶转""小鱼抱水""岩鹰展翅""鸳鸯汲腿"等；"跳步"则有"跨跳""侧蹬跳""蛤蟆跳""后踢步跳""跳划步""鲤鱼穿江""乌龙伸腿跳"等。

手部动作表现为手中的道具和扇子的"手中花"和"扇花"的种种变化。如手中花有"平绕花""下挽花""挑绕花""后翻花""双绕花""侧甩巾""小甩巾""背巾"等。"扇花"则更多了，据说有70多种变化，有的名称也特别富有诗情画意，如"怀中抱月""蜻蜓点水""金狮滚绣球""雪花盖顶""凤点头"等。

经长期的发展与演变，秀山花灯有两种表演形式：其一为"耍灯"，俗称"跳团团"，是由一旦一丑演唱民间小调的歌舞，旦角叫幺妹子，丑角叫赖花子或别的名字。有时增至3人、4人或6人穿插表演。跳时，幺妹子头梳长辫，身穿大襟罗裙，右手执绸边花折扇，左手拿花彩巾，伸直腰，踏着丁丁步，载歌载舞，表演天真活泼、诙谐、泼辣的角色。

赖花子则把头巾扎成"半边月"，身穿对襟衣，腰系红绸带，手拿大蒲扇，踩着矮桩步，用"风摆柳"的动作围着幺妹子转，表演滑稽、诙谐的角色。

其二为"单边灯"，又称"单边戏"，是有一定的故事情节，有生、旦、丑简单的人物角色，以多首民间曲调演唱的花灯小戏。

秀山花灯传统的演出时间，是农历正月初二至十五元宵节期间的夜晚。每年由本村寨有威望的老艺人领头组成花灯班子。

花灯班子组成人员为：掌灯4人：二人执大红圆灯笼，其中一人是花灯班的组织者，俗称"灯头"；另一位是联系演出的送帖人；二人执六角"吊吊灯"，又称正灯、金花小姐灯、银花二娘灯。演员4人：二人扮演幺妹子、二人扮演赖花子。掌调一人：

生 我国戏曲表演主要行当之一。泛指净、丑之外的男角色。生的名目最早见于宋元南戏，指剧中男主角，与元杂剧的正末相当。清以后又衍化为老生、小生、外、末4个支系。按其扮演人物属性、性格特征和表演特点，大致可分为老生、小生、外、末、武生、娃娃生等类。

147

文化之光

艺术神韵

■ 花灯班子

巴山风情

巴渝文化特色与形态

■ 民间泥塑卖花灯

灯笼 起源于1800多年前的西汉时期，每年的农历正月十五元宵节前后，人们都挂起象征团圆意义的红灯笼。后来经过历代灯彩艺人的继承和发展，形成了丰富多彩的品种和高超的工艺水平。从种类上有：宫灯、纱灯、吊灯等。从造型上分，有人物、山水、花鸟、龙凤、鱼虫等，除此之外，还有专供人们赏玩的走马灯。

负责组织伴奏、伴唱并担任主要伴唱。伴奏5人：头钹、二钹各1人，马锣和大锣1人，瓮琴2人。

花灯班子组成后，先集中在灯头家里用竹条、彩纸扎鱼虾、家畜、蔬菜之类形状的彩灯和吊吊灯。吊吊灯上有6片花瓣，每片花瓣垂悬一串花絮，中间另有仿宫灯式长形灯笼，色彩鲜艳，工艺精巧。掌灯者和演员用竹竿高挑彩灯，既增添了热烈喜庆的气氛，又可为夜间开道和演出照明。

秀山花灯演出时有一整套传统的习俗礼仪。演出前首先要设"灯堂"。灯堂一般设在本村灯班组织者或特别喜爱花灯的人家中。先在堂屋的左上方摆一张方桌，桌上方墙上贴7张长方形纸钱，下面贴7张三指宽的牌位，分别为"正月冲天风火院内位""岳王显主老龙神君位""腊光先人位""金花小姐银花二娘位""锣钹先师鼓板先人位""众姓门中先亡远祖位"唐朝走教一切神祇位"。并在桌上设香、烛、刀头。

灯堂设好后，执正灯的二人站在神位两旁，灯班成员面对神位站立，便开始举行祭灯仪式。先唱《安位》《唱位》《开光》《梳妆打扮》，齐唱《起灯》《大闹红灯》调，灯班活动即告开始。

初次出灯要先到本村寨各户恭贺新禧，然后跳花灯。从正月初二开始的每天晚上，几乎寨寨出灯，户户迎灯，热闹非凡。

花灯班的演出日程有统一的安排，白天由两人先到各户下灯帖，帖上写有"××花灯一扑，庆贺上元，众灯友拜"。晚上出灯前，先在灯堂点烛化纸唱《请灯》调，然后出发。途中，由下帖的人手执写有"庆祝上元，××花灯"字样的大红圆灯笼作前导，领着花灯班子前进，紧接两盏吊吊灯和各种彩灯，簇拥着到各村各户表演。

表演内容按主家接灯的要求，由灯头和掌调安排。如主家没有灯堂就表演《参灯》调。若主家红灯高挂、大门紧闭、门外外凳上放有红封彩礼，花灯班就先唱《开财门》；待大门开后再进堂屋表演其他内容的节

■ 民间泥塑闹花灯

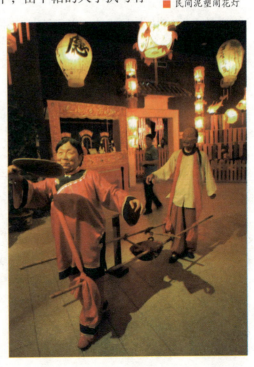

目。若主家是接"孝福灯"，必须表演《二十四孝》《十二大孝》。有60岁以上的老人之家，就表演《送寿月》。

主家是行医者，就表演《参十代名医》。主家是五匠或供有佛教、道教神位，就参师、参坛唱《参神》调。主家立新房，就唱《闹华堂》。

此外，主家还可以另点节目表演。演出结束后，主家都要给花灯班子一些彩礼或请吃醪糟、糍粑和饭菜。辞别主家前还要表演《采茶》《谢酒》《谢饭》等曲调。

每晚跳灯结束返回灯堂时，还要烧香化纸齐唱《安灯》调。

花灯一般跳到元宵节后结束。结束时要举行"烧灯"仪式：灯班全体聚集在灯堂内，先取下供奉的花灯神位，然后由灯头和掌调领唱《收调》，即将春节期间所跳花灯曲调各唱一段。接着"辞神"，"下妆"，"送灯"。最后将灯笼、神位送到河边或沟边烧化，并将跳花灯的道具、服饰从火上抛过，以求跳灯人平安。至此，一年一度的跳花灯活动方告结束。

阅读链接

有时花灯与龙灯在途中相遇，龙灯要给花灯"上油"，花灯也要给龙灯"上烛"。有的花灯班就站成品字形或四方形，让龙灯穿舞，示意"一品当朝""四季平安"，互表友谊，共庆佳节。

如果花灯不给龙灯上烛，龙灯就可能将花灯围住。这时，花灯班子必唱《龙缠灯》调，然后，龙灯才节节拆开。如果龙灯仍围着不放，花灯班就会用两盏灯笼挂到龙头、龙尾上，并唱《斩龙》调，或用白帕甩到龙头上，意谓斩了老龙，这是双方极不礼貌的行为。

美妙动人的川剧艺术

川剧是我国戏曲宝库中的一颗光彩照人的明珠。它历史悠久，保存了不少优秀的传统剧目、丰富的乐曲与精湛的表演艺术。

明末清初，由于各地移民入巴蜀，以及各地会馆的先后建立，致使多种南北声腔剧种也相继流播四川各地，并且在长期的发展演变中，与巴蜀方言土语、民风民俗、民间音乐、舞蹈、说唱曲艺、民歌

川剧表演

■ 川剧表演

高腔 是戏曲四
大声腔之一,是
戏曲声腔的统
称。起源于江西
弋阳,又被称为
"弋阳腔"或
"弋腔",其特
点是表演质朴、
曲词通俗、唱腔
高亢激越、一人
唱而众人和、只
用金鼓击节,没
有管弦乐伴奏。

小调融合,逐渐形成具有巴蜀特色的声腔艺术。

清代乾隆年间,由于各种声腔艺术经常同台演出,日久逐渐形成共同的风格,清代末期统称"川戏",后改称"川剧"。

川剧音乐博采众长,兼收并蓄,她囊括吸收了全国戏曲各大声腔体系的营养,与巴蜀的地方语言、声韵、音乐融汇结合,演变形成形式多样、曲牌丰富、结构严谨、风格迥异的地方戏曲音乐。

高腔是川剧中最重要的一种声腔,是明末清初从外地传入巴蜀。高腔传入巴蜀以后,结合了巴蜀方言、民间歌谣、劳动号子、发问说唱等形式,几经加工和提炼,逐步形成了具有地方特色的声腔音乐。

川剧高腔是曲牌体音乐,曲牌数量众多,形式复杂。它的结构基本上可以概括为:起腔、立柱、唱腔、扫尾。高腔剧目多、题材广、适应多种文词格式。

高腔最主要的特点是没有乐器伴奏的干唱，即所谓"一唱众和"的徒歌形式，它以帮、打、唱为一体。锣鼓的曲牌都是以这种方式组成的。有的曲牌帮腔多于唱腔，有的基本全部都是帮腔，有的曲牌只在首尾两句有帮腔，其具体形式是由戏决定的。

川剧高腔保留了南曲和北曲的优秀传统，它兼有高亢激越和婉转抒情的唱腔曲调。

川昆源于苏昆，川剧艺人利用了昆曲长于歌唱和利于舞蹈的特点，往往只选取昆曲中某些曲牌或唱句，插入其他声腔中演唱，形成了川昆独具特色的艺术风格。

川剧昆腔的曲牌结构与它的母体"苏昆"基本相同。应用时有"单支"和"成堂"两种形式。昆腔的主奏乐器是笛子。伴奏锣鼓及方式与其余高、胡弹、灯诸声腔相同，以大锣敲边和苏钹两件乐器的特殊单色构成锣鼓的"苏味"来区别于其他声腔的锣鼓伴奏。

胡琴是二黄与西皮腔的统称。因其主要伴奏乐器是"小胡琴"，故统称"胡琴"。胡琴腔约在乾隆年间就已经形成了。

二黄包括正调、阴调、老调3类基本腔。正调善于表现深沉、严肃、委婉和轻快的情绪；阴调

昆曲 是最古老的剧种之一，也是我国传统文化艺术中的珍品。昆曲糅合了唱念做打、舞蹈及武术等，以曲词典雅、行腔婉转、表演细腻著称，被誉为"百戏之祖"。昆曲以鼓、板控制演唱节奏，以曲笛、三弦等为主要伴奏乐器，其唱念语音为"中州韵"。

■ 川剧演员

■ 川剧变脸

宜表现苍凉、凄苦、悲愤的情绪；老调则大多用于高亢、激昂的情绪。西皮腔与二黄腔的音乐性格相反，具有明朗、潇洒、激越、简练、流畅的品格。西皮、二黄多为单独使用，但也有不少剧目同时包纳两种声腔。

川剧弹戏是用盖板胡琴为主要伴奏乐器演唱的一种戏曲声腔。它源自陕西的秦腔，属梆子系统，因此又有"川梆子"之称。

弹戏虽源于秦腔，但它同巴蜀地方语言结合，并受四川锣鼓和民间音乐的影响，经过长期的演变，无论曲调、唱法还是唱腔结构都与秦腔有所不同，形成了自己独特的艺术风格，具有浓郁的巴蜀地方色彩。

尽管两者的关系不是相当接近，但从曲调结构，调式特点，以及整个唱腔的韵味等方面分析，均可找到它们之间的渊源。

弹戏包括情绪完全不同的两类曲调：一类是长于表现喜的感情的叫"甜平"，又称"甜品""甜皮""甜腔"；另一类叫"苦平"，又称"苦品""苦皮"，善于表现悲的感情。它们具有相对的独立性，但它们的调式、板别、结构都是相同的，甚至在同一板别的唱腔中，曲调的骨架都一样。

灯戏在川剧中颇有特色，它源于巴蜀民间的迎神赛社时的歌舞表演，也可以说是古代巴蜀传统灯会的

154

巴山风情

巴渝文化特色与形态

秦腔 最古老的戏剧之一，起于西周时期的西府地区。成熟于秦代。秦腔又称"乱弹"，流行于西北等地，其中以宝鸡的西府秦腔口音最为古老，保留了较多古老发音。又因其以枣木梆子为击节乐器，所以又叫"梆子腔"，俗称"桄桄子"。

产物。所演为生活小戏，所唱为民歌小调，村坊小曲，体现了当地浓烈的生活气息。

灯戏声腔的特点是：乐曲短小，节奏鲜明，轻松活泼，旋律明快，具有浓厚的四川地方风味。灯调声腔主要由"胖筒筒"、发间小曲和"神歌腔"组成。

川戏锣鼓，是川剧音乐的重要组成部分。其使用乐器共有20多种，常用的为小鼓、堂鼓、大锣、大钹、小锣，统称为"五方"，加上弦乐、唢呐为六方，由小鼓指挥。锣鼓曲牌有300支左右。

"装龙像龙，装虎像虎"，这一句形容和要求川剧表演的话，在川剧演员中代代相传。川剧表演具有深厚的现实主义传统，同时又运用大量的艺术夸张手法，表演真实、细腻、优美动人，风趣幽默。

为了更好地塑造人物，川剧艺人创造了变脸、藏刀、钻火圈、开慧眼等许多绝技，表演时火爆热闹，新奇有趣，形成川剧的一大特色。

川剧脸谱，是川剧表演艺术中重要的组成部分。川剧演员在演出前，要在面部用不同色彩绘成各种图案，以展示人物的身份、形貌、性格特征。历史上川剧没有专职的脸谱画师，演员都是自己绘制脸谱。

■ 川剧表演吐火

在保持剧中人物基本特征的前提下，演员可以根据自身的特点，创造性地绘制脸谱，以取得吸引观众注意的效果。故川剧脸谱的个性化和多样化特征，是各类地方剧种中少见的。川剧脸谱是历代川剧艺人共同创造并传承下来的艺术瑰宝。

川剧分小生、旦角、生角、花脸、丑角5个行当，各行当均有自成体系的功法程序，尤以文生、小丑、旦角的表演最具特色，在戏剧表现手法、表演技法方面多有卓越创造，能充分体现我国戏曲虚实相生的美学特色。

川剧剧目繁多，早有"唐三千，宋八百，数不完的三列国"之说。其中以高腔部分遗产最丰富，艺术特色最显著，传统剧目有"五袍"，即《青袍记》《黄袍记》《白袍记》《红袍记》《绿袍记》；"四柱"，即《碰天柱》《水晶柱》《炮烙柱》《五行柱》，以及"江湖十八本"等，还有川剧界公认的"四大本头"，即《琵琶记》《金印记》《红梅记》《投笔记》，不少为其他剧种失传的剧目。

川剧具有巴蜀文化、艺术、历史、民俗等方面的研究和认知价值，在我国戏曲史及巴蜀文化发展史上具有十分独特的地位。

阅读链接

川剧变脸的手法大体上分为3种："抹脸""吹脸""扯脸"。

抹脸，指将化妆油彩涂在脸的某一特定部位上，表演时用手往脸上一抹，即可变成另外一种脸色。《白蛇传》中的许仙用的就是"抹脸"。

吹脸指用粉末状的化妆品，如金粉、银粉、墨粉等，装进特定的容器里，表演时，演员只需将脸贴近容器一吹，粉末就会扑在脸上。《活捉子都》中的吹脸，化妆粉末是放在酒杯内的。

扯脸是事前将脸谱画在一张一张的绸子上，剪好，每张脸谱上都系一把丝线，再一张一张地贴在脸上。随着剧情的进展，一张一张地将它扯下来。如《白蛇传》中的钵童，可以变绿、红、白、黑等七八张不同的脸。

原始灿烂的酉阳歌舞

酉阳，古称酉州或酉阳州，位于渝东南边陲的武陵山腹地。在酉水河两岸，生活着17个古老的民族，他们在强烈的生态压力下顽强地抗争，繁衍生息，铸造了山一般的民族体魄，孕育了灿烂的民族文化。

其中，以土家人的摆手舞、傩戏、面具阳戏、梯玛跳神、打绕棺等歌舞最富有特色。

摆手舞是以摆手为基本特征的、古老的祭祀性舞蹈，是土家人祭祀神灵、酬报先祖和传承民族文化的重要形式。它始

阳戏木制脸谱

阳戏 全称是"舞阳神戏"，即在祭祀仪式中进行若干戏剧性表演。举行阳戏神祀活动，一般先叩许心愿，然后再还愿，因而叫"还阳戏"，又称为"愿戏"。分为内坛和外坛，内坛主要是做法事，外坛主要是唱戏。阳戏内坛24戏，即二十四坛法事，为迎神、酬神、送神仪式。外坛24戏，主要为赐福戏、贺寿戏、仕进戏、婚娶戏、送子戏、逗乐戏等。

■ "大摆手"

于唐代，主要传承于酉水河中、下游地区。

摆手舞，按其活动规模分为"大摆手""小摆手"两种；按其舞蹈形式分为"单摆""双摆""回旋摆"等；按其举行的时间分为"正月堂""二月堂""三月堂""五月堂""六月堂"等。

大摆手活动规模庞大，以祭"八部大神"为主，表演人类起源、民族迁徙、抵御外患和农事活动等；小摆手活动规模较小，以祭祀彭公爵主、向老官人、田好汉和各地土王为主，表演部分农事活动。

大摆手是在摆手堂中举行的。摆手堂正中央，供奉着八部大王及其夫人"帕帕"的神像。摆手堂大坪中间立一根高24米的旗杆，上面的两面龙旗迎风招展，旗杆顶端的一只白鹤振翅欲飞。

大摆手活动按三年两摆的传统习俗，于正月初九至正月十一举行。届时，各寨依姓氏或族房组成摆手

■ "炮仗队"

"排"，每"排"为一支摆手队伍，各"排"人数不等，均设有摆手队、祭祀队、旗队、乐队、披甲队、炮仗队。

首列为龙凤旗队。龙旗和凤旗系用红、蓝、白、黄四色绸料制成4面各一色的三角大旗。旗长丈余，边缘镶有鸡冠形花边。以白龙旗和红凤旗为上承，并排走在队伍的最前列。

次列为祭祀队。由寨上德高望重的老者组成，多达20余人。他们身着皂色长衫，手持齐眉棍、神刀、朝筒等道具，一尊者捧着贴有"福"字的酒罐，率领担五谷、担猎物、端粑粑、挑团馓、提豆腐等祭品的人，随掌堂师行祭事，唱祭祀歌。

祭祀队后面为舞队。男女老少皆可参加，他们均着节日盛装，手拿朝筒或长青树树枝，列队入场。

继舞队的是小旗队。凡户一面，颜色多彩，有长

鹤 寓意延年益寿。在古代是一鸟之下，万鸟之上，仅次于凤凰，明清一品官吏的官服编织的图案就是"仙鹤"。同时鹤因为仙风道骨，为羽族之长，自古就被称为是"一品鸟"，寓意第一。鹤代表长寿、富贵，据传说它享有几千年的寿命。鹤独立，翘首远望，姿态优美，色彩不艳不娇，高雅大方。

方形和三角形两种，亦饰有荷叶边。敬献于"八部大王"坛下，以感祖恩深泽。

接着是乐队、披甲队、炮仗队。乐队分馏子和摆手锣鼓两种。再配以牛角、土号、野喇叭、咚咚喹等，奏出土家族节日的独特旋律。

披甲队由身披五彩斑斓"西兰卡普"的青壮年组成。土家族人天性劲勇，锐气尚武，在摆手舞中以锦为甲，以示威武雄壮。

炮仗队由鸟铳和三眼铳组成。

各队按着一定顺序排列进入摆手堂。进堂后先扫邪，后安神。掌堂师手持扫帚，以高扬激越的音腔，强烈地谴责那些"大斗进，小斗出，缺斤少两"的剥削者；以道德的铁扫帚，清扫那些"起心害人，行盗为娼"的民族败类，充分表现了土家族嫉恶如仇、纯朴善良的美德。

巴山风情

巴渝文化特色与形态

■ 土家族祭祀

■ 傩戏表演

祭祀时，祭祀人在掌堂师的带领下，依序跪下左脚，舞众亦虔诚跪下，与祭祀队一领一合，齐唱神歌，歌词委婉深沉，气氛肃穆庄重。

歌毕，各排将各自的供品呈于神案，其上有"福禄寿喜""吉祥如意""五谷丰登""风调雨顺"等字样。

祭祀完毕后，礼炮三响，撼天动地，催人起舞，全场沸腾。人们在掌堂师的指挥下，整齐地变换着舞蹈动作，时而单摆，时而双摆，时而回旋，舞姿优美，动作逼真，刚柔相济，粗犷雄浑。摆手舞的内容，分别展现出民族迁徙、狩猎征战、农桑绩织等一幅幅富有民族特色和生活气息的艺术画卷。

小摆手，是土家族居住区普遍盛行的一种文化习俗活动，舞时，男女齐集摆手堂前的土坝，击鼓鸣锣摆手。其特点是摆同边手，躬腰屈膝，以身体的扭

祭祀 是华夏礼典的一部分，是儒教礼仪中的主要部分。祭祀对象分为3类：天神、地祇、人鬼。天神称"祀"，地祇称"祭"，宗庙称"享"。古代祭祀有严格的等级：天神地祇由天子祭，诸侯大夫祭山川，士庶只能祭自己的祖先和灶神。清明节、端午节、重阳节是祭祖日。

■ 傩戏面具

傩　神秘而古老的原始祭礼。远古就有傩。度朔山大桃树上的神荼、郁垒二神人捉恶鬼喂虎，皇帝依此办法立桃人于门。夏代帝相时，商族首领上甲微发明杨，杨用于葬礼，也用于傩。在湖南、江西、河北、重庆、四川、云南等地，具有广泛的傩文化分布。

动带动手的甩动。表演内容为"拖野鸡尾巴""跳蛤蟆""木鹰闪翅""犀牛望月"等狩猎动作和"砍火渣""挖土""烧灰积肥""种苞谷""薅草""插秧""割谷""织布"等生产生活动作。

西阳的傩戏，又叫"傩愿戏""傩堂戏"，可追溯到殷商时期，距今已经有3000多年的历史，被称为戏剧的活化石。它源于原始社会图腾崇拜的傩祭，是土家先民为驱鬼逐疫举行的一种祭祀仪式。主要特点是角色都戴木制假面，扮作鬼神歌舞。

傩戏面具一般用柳木、白杨木制作，在面具造型上，注重人物性格的刻画，依此可将傩面具分为几大类：正神、凶神、世俗面具、丑角面具、牛头马面。正神都是正直善良、面目威武，凶神则凶悍、怪异，面容黝黑发亮，眼球凸出，呲牙咧嘴，眉毛上扬。雕刻粗放概括，奇特骠悍的面目，使人感到一种神秘的威力和粗犷的美。

傩舞贯穿于傩堂戏的整个开坛法事和傩戏中，掌坛师头戴观音玉佛冠，身穿法衣，下围罗裙，左肩搭排带，右背插神鞭；左手拿牛角，右手执师刀迎神作法。掌坛师的舞蹈最为优美，有"踩九洲""踩八卦"。傩戏，伴生于我国远古人类的祭祀、驱役逐鬼等活动，被世人誉为"戏剧活化石"。

道真的傩戏，自元代由仡佬族人从中原引入境内，是一种宗教与艺术相结合、酬神与娱人相结合的原始戏曲形式。凡正戏剧目，都戴上各种不同角色的面具，锣、鼓、唢呐伴奏，亦歌亦舞，有唱有白，庄重诙谐，文、武、美、丑相戏其间。

道真傩戏常见的人物脸谱有40余种。而戏班通常必备的面具有山王、将军、判官、唐氏太婆等25种，道具主要有印、牌带、师刀、令牌等20余种；服装有蟒袍、罗裙、龙凤花鞋等近20种。道真傩戏服饰向为讲究，冠、衣、裙、裤多合古式，多用蜀饰加民族刺绣作成，色彩鲜明，工艺精湛，神韵独特。

傩戏的内容丰富精深，凡祝寿、婚嫁、立房、还愿，有请必演。"将军打马"等舞蹈，时而腾跃蹦

图腾 是原始人群体的亲属、祖先、保护神的标志和象征，是人类历史上最早的一种文化现象。运用图腾解释神话、古典记载及民俗民风，往往可获得举一反三之功。图腾就是原始人迷信某种动物或自然物同民族有血缘关系，因而用来做本民族的徽号或标志。

■ 傩戏道具

跳、翻滚旋转，时而轻踏慢搓，抑扬跪拜。

"打绕棺"，又称"穿花舞""跳丧舞""打安庆""穿丧堂"等，是由佛教法事演变而来，是土家族丧葬祭祀活动中最具特色的部分，是融吹、打、跳、舞于一体的综合性舞蹈。

在酉水河两岸的打绕棺，以唢呐、大锣、头钹、二钹、小鼓、小钹等乐器进行演奏，代替了"以箭扣弓为节"的古老伴奏，并以舞代替了"歌"。

打绕棺的表演，其风格独特，它要求每个参加表演的人员既要围绕着棺材跳出不同的动作，又要根据不同的动作敲出不同的"点子"，这就增加了表演的难度，也正是从这种独特的难度表演中体现了打绕棺这一民间艺术的独到之处。

巴山风情
巴渝文化特色与形态

阅读链接

相传汉将军马援伏波当年驻扎酉阳，因当地多瘴气，使士兵的健康受到威胁，将军便用合茗叶、茱萸、芝麻等研成末，再加盐制成汤，供士兵饮用以防瘴气。当地百姓纷纷仿效，渐成习俗，遂演变成后来的"油茶汤"。

在1819年纂修的《龙山县志》上有清楚的记载："有所谓油茶者，取黄豆、苞谷、芝麻、米花、豆腐干、干松菇、腊肉丁，以脂油炮炒之，撩起；下水，油锅内加茶叶，煎数沸，酌碗中，泡诸物饷客以示敬。""油茶汤"味道鲜美，既能作为食品充饥，又能作为饮料提神。土家族有一首歌谣这样唱道："土家儿女爱唱歌，只因烧了油茶汤喝……"

中华精神家园书系

中华精神家园书系

古迹奇观
玉宇琼楼：分布全国的古建筑群
城楼古景：雄伟壮丽的古代城楼
历史开关：千年古城墙与古城门
长城纵览：古代浩大的防御工程
长城关隘：万里长城的著名关卡
雄关漫道：北方的著名古代关隘
千古要塞：南方的著名古代关隘
桥的国度：穿越古今的著名桥梁
古桥天姿：千姿百态的古桥艺术
水利古貌：古代水利工程与遗迹

山水灵性
母亲之河：黄河文明与历史渊源
中华巨龙：长江文明与历史渊源
江河之美：著名江河的文化源流
水韵雅趣：湖泊泉瀑与历史文化
东岳西岳：泰山华山与历史文化
五岳美名：恒山衡山嵩山的文化
三山美名：三山美景与历史文化
佛教名山：佛教名山的文化流芳
道教名山：道教名山的文化流芳
天下奇山：名山奇迹与文化内涵

自然遗产
天地厚礼：中国的世界自然遗产
地理恩赐：地质蕴含之美与价值
绝美景色：国家综合自然风景区
地质奇观：国家自然地质风景区
无限美景：国家自然山水风景区
自然名胜：国家自然名胜风景区
天然生态：国家综合自然保护区
动物乐园：国家动物自然保护区
植物王国：国家保护的野生植物
森林景观：国家森林公园大博览

西部沃土
古朴秦川：三秦文化特色与形态
龙兴之地：汉水文化特色与形态
塞外江南：陇右文化特色与形态
人类敦煌：敦煌文化特色与形态
巴山风情：巴渝文化特色与形态
天府之国：蜀文化的特色与形态
黔风贵韵：黔贵文化特色与形态
七彩云南：滇云文化特色与形态
八桂山水：八桂文化特色与形态
草原牧歌：草原文化特色与形态

东部风情
燕赵悲歌：燕赵文化特色与形态
齐鲁儒风：齐鲁文化特色与形态
吴越人家：吴越文化特色与形态
两淮之风：两淮文化特色与形态
八闽魅力：福建文化特色与形态
客家风采：客家文化特色与形态
岭南灵秀：岭南文化特色与形态
潮汕之根：潮州文化特色与形态
滨海风光：琼州文化特色与形态
宝岛台湾：台湾文化特色与形态

中部之魂
三晋大地：三晋文化特色与形态
华夏之中：中原文化特色与形态
陈楚风韵：陈楚文化特色与形态
地方显学：徽州文化特色与形态
形胜之区：江西文化特色与形态
淳朴湖湘：湖湘文化特色与形态
神秘湘西：湘西文化特色与形态
瑰丽楚地：荆楚文化特色与形态
秦淮画卷：秦淮文化特色与形态
冰雪关东：关东文化特色与形态

节庆习俗
普天同庆：春节习俗与文化内涵
张灯结彩：元宵习俗与彩灯文化
寄托哀思：清明祭祀与寒食习俗
粽情端午：端午节与赛龙舟习俗
浪漫佳期：七夕节俗与妇女乞巧
花好月圆：中秋节俗与赏月之风
九九踏秋：重阳节俗与登高赏菊
千秋佳节：传统节日与文化内涵
民族盛典：少数民族节日与内涵
百姓聚欢：庙会活动与赶集习俗

民风根源
血缘脉系：家族家谱与家庭文化
万姓之根：姓氏与名字号及称谓
生之由来：生庚生肖与寿诞习俗
婚事礼俗：嫁娶礼俗与结婚喜庆
人生遵俗：人生处世与礼俗文化
幸福美满：福禄寿喜与五福临门
礼仪之邦：古代礼制与礼仪文化
祭祀庆典：传统祭典与祭祀礼俗
山水相依：依山傍水的居住文化

衣食天下
衣冠楚楚：服装艺术与文化内涵
凤冠霞帔：佩饰艺术与文化内涵
丝绸锦缎：古代纺织精品与布艺
绣美中华：刺绣文化与四大名绣
以食为天：饮食历史与筷子文化
美食中国：八大菜系与文化内涵
中国酒道：酒历史酒文化的特色
酒香千年：酿酒遗址与传统名酒
茶道风雅：茶历史茶文化的特色

国风美术
丹青史话：绘画历史演变与内涵
国画风采：绘画方法体系与类别
独特画派：著名绘画流派与特色
国画瑰宝：传世名画的绝色魅力
国风长卷：传世名画的大美风采
艺术之根：民间剪纸与民间年画
影视鼻祖：民间皮影戏与木偶戏
国粹书法：书法历史与艺术内涵
翰墨飘香：著名书法名作与艺术
行书天下：著名行书精品与艺术

汉语之魂
汉语源流：汉字汉语与文章体类
文学经典：文学评论与作品选集
古老哲学：哲学流派与经典著作
史册青青：历史典籍与文化内涵
统御之道：政论专著与文化内涵
兵家韬略：兵法谋略与文化内涵
文苑集成：古代文献与经典专著
经传宝典：古代经传与文化内涵
曲苑音坛：曲艺说唱项目与艺术
曲艺奇葩：曲艺伴奏项目与艺术

博大文学
神话魅力：神话传说与文化内涵
民间相传：民间传说与文化内涵
英雄赞歌：四大英雄史诗与内涵
灿烂散文：散文历史与艺术特色
诗的国度：诗的历史与艺术特色
词苑漫步：词的历史与艺术特色
散曲奇葩：散曲历史与艺术特色
小说源流：小说历史与艺术特色
小说经典：著名古典小说的魅力

歌舞共娱

古乐流芳：	古代音乐历史与文化
钧天广乐：	古代十大名曲与内涵
八音古乐：	古代乐器与演奏艺术
鸾歌凤舞：	古代大曲历史与艺术
妙舞长空：	舞蹈历史与文化内涵
体育古项：	体育运动与古老项目
民俗娱乐：	民俗运动与古老项目
刀光剑影：	器械武术种类与文化
快乐游艺：	古老游艺与文化内涵
开心棋牌：	棋牌文化与古老项目

科技回眸

创始发明：	四大发明与历史价值
科技首创：	万物探索与发明发现
天文回望：	天文历史与天文科技
万年历法：	古代历法与岁时文化
地理探究：	地学历史与地理科技
数学史鉴：	数学历史与数学成就
物理源流：	物理历史与物理科技
化学历程：	化学历史与化学科技
农学春秋：	农学历史与农业科技
生物寻古：	生物历史与生物科技

文化标记

龙凤图腾：	龙凤崇拜与舞龙舞狮
吉祥如意：	吉祥物品与文化内涵
花中四君：	梅兰竹菊与文化内涵
草木有情：	草木美誉与文化象征
雕塑之韵：	雕塑历史与艺术内涵
壁画遗韵：	古代壁画与古墓丹青
雕刻精工：	竹木骨牙角匏与工艺
百年老号：	百年企业与文化传统
特色之乡：	文化之乡与文化内涵

杰出人物

文韬武略：	杰出帝王与励精图治
千古忠良：	千古贤臣与爱国爱民
将帅传奇：	将帅风云与文韬武略
思想宗师：	先贤思想与智慧精华
科学鼻祖：	科学精英与求索发现
发明巨匠：	发明天工与创造英才
文坛泰斗：	文学大家与传世经典
诗神巨星：	天才诗人与妙笔华篇
画界巨擘：	绘画名家与绝代精品
艺术大家：	艺术大师与杰出之作

戏苑杂谈

梨园春秋：	中国戏曲历史与文化
古戏经典：	四大古典悲剧与喜剧
关东曲苑：	东北戏曲种类与艺术
京津大戏：	北京与天津戏曲艺术
燕赵戏苑：	河北戏曲种类与艺术
三秦戏苑：	陕西戏曲种类与艺术
齐鲁戏台：	山东戏曲种类与艺术
中原曲苑：	河南戏曲种类与艺术
江淮戏话：	安徽戏曲种类与艺术

千秋教化

教育之本：	历代官学与民风教化
文武科举：	科举历史与选拔制度
教化于民：	太学文化与私塾文化
官学盛况：	国子监与学宫的教育
朗朗书院：	书院文化与教育特色
君子之学：	琴棋书画与六艺课目
启蒙经典：	家教蒙学与文化内涵
文房四宝：	纸笔墨砚及文化内涵
刻印时代：	古籍历史与文化内涵
金石之光：	篆刻艺术与印章碑石

悠久历史

古往今来：	历代更替与王朝千秋
天下一统：	历代统一与行动韬略
太平盛世：	历代盛世与开明之治
变法图强：	历代变法与图强革新
古代外交：	历代外交与文化交流
选贤任能：	历代官制与选拔制度
法治天下：	历代法制与公正严明
古代税赋：	历代赋税与劳役制度
三农史志：	历代农业与土地制度
古代户籍：	历代区划与户籍制度

信仰之光

儒学根源：	儒学历史与文化内涵
文化主体：	天人合一的思想内涵
处世之道：	传统儒家的修行法宝
上善若水：	道教历史与道教文化

梨园谱系

苏沪大戏：	江苏上海戏曲与艺术
钱塘戏话：	浙江戏曲种类与艺术
荆楚戏台：	湖北戏曲种类与艺术
潇湘梨园：	湖南戏曲种类与艺术
滇黔好戏：	云南贵州戏曲与艺术
八桂梨园：	广西戏曲种类与艺术
闽台戏苑：	福建戏曲种类与艺术
粤琼戏话：	广东戏曲种类与艺术
赣江好戏：	江西戏曲种类与艺术

传统美德

君子之为：	修身齐家治国平天下
刚健有为：	自强不息与勇毅力行
仁爱孝悌：	传统美德的集中体现
谦和好礼：	为人处世的美好情操
诚信知报：	质朴道德的重要表现
精忠报国：	民族精神的巨大力量
克己奉公：	强烈使命感和责任感
见利思义：	崇高人格的光辉写照
勤俭廉政：	民族的共同价值取向
笃实宽厚：	宽厚品德的生活体现

历史长河

兵름阵法：	历代军事与兵器阵法
战事演义：	历代战争与著名战役
货币历程：	历代货币与钱币形式
金融形态：	历代金融与货币流通
交通巡礼：	历代交通与水陆运输
商贸纵观：	历代商业与市场经济
印纺工业：	历代纺织与印染工艺
古老行业：	三百六十行由来发展
养殖史话：	古代畜牧与古代渔业
种植细说：	古代栽培与古代园艺

强健之源

中国功夫：	中华武术历史与文化
南拳北腿：	武术种类与文化内涵
少林传奇：	少林功夫历史与文化